Google 検索による英語語法学習・研究法

開拓社
言語・文化選書
21

Google検索による
英語語法学習・研究法

衣笠忠司 著

開拓社

まえがき

　この本ではむずかしいことはぬきにして，英語の学習にいかにインターネット検索を利用するかということを主眼にしています。英語の場合，検索に使うのは主に Google で，時に Yahoo で補完するということになります。また，無料で利用できる BNC コーパスや COCA コーパスの使い方も紹介します。

　現在インターネットは小学生から高年齢の人までその気さえあればいつでも使える時代です。そしてそこにある情報は使い方次第でいくらでも有益なものになります。ただ，問題はその情報はいつも存在しているというわけではなく，日々違ったものになっていく（更新されていく）ことが多いというところです。たとえば新聞社のサイトでは，ニュースはどんどん更新されていますので，新たな事件が起こるたびに古いニュースは消されていっています。しかし，ブログという形のインターネット上の日記などをはじめ，いろんな情報が追加されていっていますし，新聞などの情報の中身は変わるとしても，新たな情報になっていくだけで，なくなっているわけではないので心配することはありません。

　英語の学習というのはこれまで，参考書や辞書をみて，こつこつとやるというのが主流でした。その後，CD 付きの参考書がでるようになって，耳で音を聞くことが容易にできるようになりました。そして現在はインターネット時代になり，英語はどこでも目にすることができるようになりました。英字新聞は買わなくても，英米の新聞社のサイトにいくと，いつでもその日（もしくは

最近）の記事をみることができますので，情報は得られます。テレビ局のサイトでは，主なニュースを録画で見られるようになっているところが多いですし，YouTube などの動画サイトではニュースだけでなくドラマとか音楽など多種多様な動画を見ることができます。

　そうしたインターネット時代に英語を簡単に学習する方法を紹介しようというのがこの本の試みです。Google や Yahoo なら使えるという人は多いと思います。その簡単な使い方は本や雑誌で紹介されていますので，すでにご存じだと思います。では英文を書くときや英語の宿題をするときなど，学習にうまく役立てているのかというと，どうするのがよいのかよくわからないという方が多いと思います。そこで，どういうふうに使えば，うまく英語学習ができるのか，辞典をひいてもわからない情報をどうすれば検索できるのかというヒントを，コーパス検索を毎日のようにしている立場から，解説していきたいと思います。その一部でも参考になればと思います。

　コーパス検索というのは専門的にやろうとすると大量のコーパスを集め（もしくは使い），検索ソフトを使ったり，計量的な分析をしたりする研究が多いのですが，そういうむずかしいことはここでは扱いません。したがって，そういうむずかしいことができない場合はどうしたらよいのか，というのがこの本の出発点です。高校1年生程度の英語力があれば，どの年齢の人にとっても役に立つ中身にしたつもりです。

　子供は母語とする言語に触れながら成長し，言葉を獲得するわけですが，ここでは触れる言語がインターネット上のものということになります。英語をはじめとする外国語を学習する場合，少

しずつレベルをあげていって学習し，それによって，理解を得ていくことになります。また，どういう例文を得るかは，その日によって変わっていきますので，この本の例はたまたま検索した日時のインターネット情報です。それも事例によって違います。検索した数分後にはすでに検索件数が違っていたということもよくあります。お母さんが子供に語りかけることばが日々違うように，インターネット情報も日々変わっています。しかし，日々刻々と変わることばをとらえるのが Google を中心としたインターネット検索です。

　最後になりましたが，語法研究の仕方というものを教えていただいた故小西友七先生，大沼雅彦先生，2008 年に英国バーミンガム大学で指導していただいたパニラ先生，校正を手伝っていただいた関茂樹先生，中達俊明先生に感謝したいと思います。また，開拓社の川田賢氏には出版にあたって何かとお世話になりました。心から感謝の意を表する次第です。

　なお，正式のインターネット検索ではその URL と日付を示す必要がありますが，本書では必ずしも厳密に守っていないところがあったり，インターネット関係の用語の使い方が必ずしも適切でない箇所があったりするかもしれません。また，平成 21 年 9 月に一旦できあがった原稿を平成 22 年 3 月に例文の再チェックをしたため日付が飛んだりしています。その点はご了承ください。

　　平成 22 年　春

　　　　　　　　　　　　　　　　　　　　　　　衣笠　忠司

目　次

まえがき　*v*

第1章　インターネット検索 …………………………………… *1*
1.1.　検索サイト　*2*
1.2.　検索ボックスに文字を入れて検索　*5*
1.3.　""（ダブルクォーテーション／ダブルクォート）の活用　*9*
1.4.　サイト内検索（ドメイン内検索），あいまい検索（OR検索）　*12*
1.5.　アステリスク検索，＋検索，－検索　*18*

第2章　英文検索に適したサイト ……………………………… *25*
2.1.　Google 日本は適切か　*26*
2.2.　サイト内検索（ドメイン内検索）と検索オプション　*31*
2.3.　Google のサイト内検索　*37*
2.4.　Yahoo の検索オプション　*43*

第3章　英文検索の実際 ………………………………………… *47*
3.1.　Google 検索の活用法（1）——アステリスク（*）の利用　*48*
3.2.　Google 検索の活用法（2）——OR 検索の利用　*61*
3.3.　Google 検索の活用法（3）——件数比較　*67*
3.4.　Google 検索の活用法（4）——英作文での利用　*78*

第4章　Google 以外の検索 ……………………………………… *91*
4.1.　Yahoo 検索の活用法——アステリスクの利用　*92*
4.2.　Yahoo 検索の活用法——OR 検索の利用　*98*

4.3. Yahoo 検索の活用法——件数比較　*101*
4.4. BNC (British National Corpus) の活用法　*105*
4.5. COCA コーパス, Time コーパスの活用法　*117*
4.6. 英辞郎, Wikipedia の活用法　*120*

第5章　Google検索による英語語法研究　*127*

5.1. at/in the doorway と at/in the beginning of this month/year　*128*
5.2. 形容詞の語順　*137*
5.3. wait (for) one's turn　*145*
5.4. 過去の行為を示す could　*148*
5.5. 分詞構文について　*157*
5.6. after 節の検索　*164*

参考文献　*177*
索　引　*179*

第 1 章

インターネット検索

1.1. 検索サイト

インターネット利用の第 1 歩として，ネット検索というものがあります。Eメールをしたりブログや twitter などへの書き込みをしたりするという作業を除けば，この検索ができるのがインターネットの最大の利用価値といえます。

インターネット検索ができるサイトといえば，Yahoo, Google が有名ですが，Yahoo でも Google でも，そのサイト自体は使用している国別に違うサイトが開くようになっています。アメリカのサイトは国の名前が入っていないという特徴があります。2010 年現在，日本では Yahoo がやや優勢ですが，英語圏では Google がよく利用されているようです。

(1) Yahoo
　　アメリカ　　　　　　　　Yahoo! (http://www.yahoo.com/)
　　イギリス・アイルランド　Yahoo! UK & Ireland
　　　　　　　　　　　　　　(http://uk.yahoo.com/)
　　アイルランド　　　　　　Yahoo! Ireland
　　　　　　　　　　　　　　(http://ie.yahoo.com/)
　　日本　　　　　　　　　　Yahoo! Japan
　　　　　　　　　　　　　　(http://www.yahoo.co.jp/)
　　フランス　　　　　　　　Yahoo! France
　　　　　　　　　　　　　　(http://fr.yahoo.com/)
　　ドイツ　　　　　　　　　Yahoo! Deutschland
　　　　　　　　　　　　　　(http://de.yahoo.com/)
　　中国　　　　　　　　　　Yahoo! 中国雅虎
　　　　　　　　　　　　　　(http://cn.yahoo.com/)

(2) Google

アメリカ	Google (http://www.google.com/intl/en/)
イギリス	Google UK (http://www.google.co.uk/)
アイルランド	Google Ireland (http://www.google.ie/)
日本	Google 日本 (http://www.google.co.jp/)
フランス	Google France (http://www.google.fr/)
ドイツ	Google Deutschland (http://www.google.de/)
中国	Google 谷歌 (http://www.google.cn/)
	(http://www.google.com.hk/)

なお，2.1節で説明するようにURLをgoogle.comとするだけではGoogleアメリカとはならないことに注意が必要です。

(3) a. **Yahoo! Japan**　ウェブ　画像　動画　ブログ　辞書　知恵袋

　　b.　　　　　　　　**Yahoo! Japan**
　　ウェブ　登録サイト　画像　動画　ブログ　辞書　知恵袋

Yahoo! の代表として，Yahoo! Japan をみてみます。検索ボックスがあるのは Google と同じです。2010年3月現在，(3a) のように Yahoo! Japan が左にあってあとは検索ボックスが真ん中にあるだけの，すっきりした画面になる場合と，(3b) のように，Yahoo! Japan の文字が上部中央にあり，検索ボックスがその下に，中央にトピックスが配置され，左に Yahoo サービスが並んでいる画面の場合とがあります。(3b) からは「検索」部分をクリックすると (3a) の画面になります。Yahoo は，以前は Yahoo! カテゴリというものが中央に並んでいましたが，現在は

(3b) の画面から，右上にある「カテゴリ一覧」をクリックしないとカテゴリ検索はできないようになっています。検索になれてくると，カテゴリからの検索はしなくてもよくなるので，すっきりした形にしたものと思われます。また，Yahoo は，かつては人の目を通した厳選されたもので，信頼もあったのですが，情報量がやや少ないことが欠点でした。そこで，2005 年 10 月ごろから Google などと同じくロボット型による自動検索の結果を優先的に表示するようにしたことから情報も多くなっているようです。

次に Google ですが，Google は以前から検索ボックスが中心の，すっきりとした形になっています。ただ，最近は動画サイトの YouTube，地図検索，乗換案内のほか，ログインすると利用できる Gmail というメール機能，写真管理ができる Picasa，さらに文書管理ができる機能などを追加していて便利です（なお YouTube など多くの機能は 2010 年 6 月現在画面左上の「その他」に入っています）。Google はロボット型とよばれる仕組みを用いており，他のサイトからのリンク数などを計算して，それが多い順に並べられているのでサイトの信頼性が高く，情報量が多いのが特徴です。

「***で検索」という広告が最近よく見られますが，企業広告では検索結果が上位にくるようなことばを選ぶことが重要視されています。これは検索したときに上位にこないと多くの人に見てもらえないという事実を反映しています。

上記二つのほかにも，hotmail というメール機能に文書管理ができる機能の SkyDrive や Bing という検索用サイトのあるマイクロソフトの MSN（日本では http://jp.msn.com/）のほかに，

Fresheye (http://www.fresheye.com/), goo (http://www.goo.ne.jp/), excite (http://www.excite.co.jp/), Infoseek (http://www.infoseek.co.jp/), livedoor (http://www.livedoor.com/) などや各プロバイダーが提供する検索サイトが日本ではあり，目的に応じて使われています。ほかにも，中国系の Baidu (http://www.baidu.jp/)，韓国系の NAVER (http://www.naver.jp/) などがあります。また，上記の検索サイトのいくつかをまとめて検索してくれる便利なサイト（メタ検索サイト）があります。たとえば，Metcha Search (http:// bach.istc.kobe-u.ac.jp/metcha/) では 2010 年 3 月現在 excite, Yahoo, Baidu, NAVER をまとめて同時に検索してくれます。さらに書評などを専門に検索するサイト (http://book.cata-log.com/review/) などもあります。どういうものがあるかは，検索の仕方がわかれば簡単に探し出すことができます。ほかにも Yippy (http://search.yippy.com/) という検索サイトがあります。使い方は 1.5 節で紹介します。

1.2. 検索ボックスに文字を入れて検索

Yahoo もしくは Google で，検索ボックスに語を入れて検索するという方法をやってみましょう。これが一番シンプルな方法で，どの検索サイトでも同じようにします。

まず，「オノマトペ」について調べるとしましょう。

(4) 検索ボックス： | オノマトペとは　　　　　　　　　|

「オノマトペ」の意味を知りたい場合には，「とは」を続けて入れるとよいとされています。そこで，Yahoo（もしくは Google）で

(4) のように検索ボックスに「オノマトペとは」と入れてみるとよいでしょう。

(5) a.　オノマトペ　商品名
　　b.　オノマトペ　ゴロゴロ

「オノマトペとは」の代わりに，(5) のように関連する語 1 語を追加して 2 語入れる（AND 検索と呼ばれる）方法もあります。この場合，語と語の間に空白を 1 文字分あけて入力します。「オノマトペ　商品名」では「オノマトペを用いた商品名」は何があるか調べるという場合になるでしょうが，この場合「オノマトペを用いた商品名」としてもよいのですが，2007 年 5 月 30 日現在では，すべて同じ文字列がそのまま並ぶ例はなかったために「一致する情報は見つかりませんでした」と表示されていました。2009 年 11 月 15 日現在では完全一致する例は 1 例のみで，あとは「オノマトペを」「商品」など部分一致する例ばかりで，Yahoo では合計 117 件と出ていました（実際に見られる例は 83 件でした）。Google でも「オノマトペを用いた商品名」の検索結果は，完全一致する例は同じく 1 例だけで，ほかは部分一致する例ばかりで，約 6,020 件あると表示されていました（実際に見られる例は 729 件でした）。

　Google や Yahoo などは，検索エンジンを使って「オノマトペ」とか「商品」という情報をあらかじめ集めています。したがって，検索語を入力した際には，「オノマトペ」とか「商品」という語のあるページに直接行くのではなく，Google がすでに集めている検索エンジンから情報をえるという仕組みになっているようです。したがって，特定の語句にこだわらないのなら，単語

を並べる AND 検索をするのが自然な検索方法といえます。また，その URL で検索されたはずの情報なのに，クリックすると，その URL の内容がすでに変わっているということもよくあります。これはそれ以前に検索エンジンが集めておいた情報を検索しただけだからということになります。

次に人名も調べてみます。

(6) a. 長澤まさみ
  b. 福山雅治

たとえば，(6a, b) のように「長澤まさみ」とか「福山雅治」と入れてみましょう。すると，どちらの場合も 2 番目か 3 番目くらいに「長澤まさみ-Wikipedia」とか「福山雅治-Wikipedia」というのが出てくると思います。Wikipedia は，いわばインターネット上の全員参加型の百科事典で，基本方針に賛同すれば，誰でも記事を編集したり新しく記事を追加したりできるというものです。したがって，人名や物の名を検索したときに，ウィキペディア (Wikipedia) があればぜひそこも読んでみると楽しいでしょう（英語については 4.6 節を参照）。時には間違った記事が載せられてしまったり，問題があったりしますが，後者の場合は「削除提案中」という画面になり，記事全体が削除されることになります。たとえば，テレビ番組の再放送を見ていて，いつ放送されたのか知りたい時も俳優や番組名を Wikipedia で検索すると，いつの時の番組かわかって便利です。

2007 年 5 月 12 日現在,「ウィキペディア日本語版」には約 367,373 本の記事があると書かれていましたが，2008 年 1 月 11 日には約 455,778 本に，2010 年 3 月 4 日には約 658,115 本と，

どんどん増えています。これに対して同じ3月4日の英語版は3,211,424本とさらに多い情報があります。これらの情報は日々更新されており，今後も増え続けるでしょう。また，世界のいろんな言語で掲載されていますので，左側にある言語を選択することで，他国ではどう紹介されているかを見ることもできます。

(7) a. みかん　Wikipedia
　　b. Britney Spears Wikipedia

(7a) のように検索ボックスに入れてみてください。(7a) では「ウンシュウミカン」で登録されていることがわかります。次に，左下にある「他の言語」の English（英語）をクリックしてみてください。すると Satsuma (fruit) となっています。さらに，Deutsch（ドイツ語）や Français（フランス語）をクリックしてみると，それぞれ Satsuma (Frucht)，Mandarine satsuma となっていて，ヨーロッパでは「みかん」でなく satsuma という名前になっていることが発見できたりします。

　(7b) の情報を日本語で見たいときは，左下に日本語という欄がありますので，そこをクリックすると，英語から日本語のサイトにかわります。

(8)　ブリトニースピアーズではありませんか？
(9)　もしかして: *britney spears*

　また，日本語で「ブリットニースピアーズ」と Yahoo で入力してみてください。するとそういう表記をしている人もいるが，「ブリトニースピアーズ」という表記をしている人が多いので，自動的に (8) のような注意が出てきます。Google でも，英語で

「Britney Speares」のようにスペルを間違えたときは,(9)のような注意が出てきます。また,固有名詞でなくても語句や文を検索したときに明らかなミスがあるときは,こちらではありませんかとヒントを与えてくれるので参考になります。

1.3. " "(ダブルクォーテーション/ダブルクォート)の活用

Google検索を有効に使う方法として" "(ダブルクォーテーションもしくはダブルクォート)を用いるということがあります。これは日本語検索にも有効ですので,日本語で試してみましょう。

「電車が混む」が正しいか「電車が込む」が正しいかわからないとします。この場合,Googleで単に「電車が込む」と検索ボックスに入力します。

(10) 電車が込む

(10)と2009年11月15日に入力すると,「**電車が込む**の検索結果 約1,100,000件」という表示が出ました。これはその瞬間の数字であり,検索結果は刻々と変化していることに注意してください。2010年3月8日には「検索結果 約1,060,000件」という表示になりました。このことが示しているのはインターネット上の情報が刻々と変化している(ホームページなどから削除されている情報もあれば,新しく掲載された情報もある)ということです。

(11) <u>**電車が"こむ"**は,私は「混む」が世間でよく使われるのかと思って</u>
電車が"こむ"は,私は「混む」が世間でよく使われるのかと

思っていましたが,「込む」が一般的なんでしょうか? どちらも一般的,というご回答の場合には,混むと込むでは言葉の意味の違いはないということで...

⟨http://detail.chiebukuro.yahoo.co.jp/qa/question_detail/q127351117⟩

(12) 埼玉と千葉通勤ラッシュの時どちらが**電車が混む**イメージですか?

2009年2月24日...埼玉と千葉通勤ラッシュの時どちらが**電車が混む**イメージですか? 京浜東北線,埼京線,京葉線,総武線でお願いします...

⟨http://detail.chiebukuro.yahoo.co.jp/qa/question_detail/q1123515066⟩

(13) メルマガ「おこ総研通信」バックナンバー

社内で表記について話をしていると,例えば「**電車が『込む』**」という表記って,かなり違和感がありますよね〜」といった声がよく出...

⟨http://www006.upp.so-net.ne.jp/okosoken/backnumber40.html⟩

(14) なぜ4月は**電車が込む**んでしょうか -BIGLOBEなんでも相談室

2006年4月20日...月によって**電車**の込み具合が違うと思いますが,どこも4月の朝方はとりわけ人が多いと思います。時期的な現象だと思いま...

⟨http://okwave.jp/qa2104271.html⟩

(15) 月・金はなぜ**電車が込む**のか:生活・身近な話題:発言小町:

2008年6月3日...関東在住です。月曜日と金曜日は,地下鉄,JRなど,どの**電車**に乗っても必ず**込ん**でいます。...病院も

月曜は週末（土日）来れなかった患者さんが月曜に押し寄せるので混むし，...
〈http://komachi.yomiuri.co.jp/t/2008/0603/187133.htm?o=0〉
(2009/11/15)

(11)-(15)はその上位5例です。すると，(11)のように「電車」と「こむ」がくっついているものの，「込む」が別のところにある例が第1位になっています。そして，(12)の「電車が混む」という全く別の述語の例が第2位になっています。これはGoogle検索では何も指定しない限り，「込む」「混む」「こむ」はどれを入力しても検索するという設定がされているからと思われます。これに対して，Yahooで「電車が込む」で検索すると「込む」だけが検索されました。

では，Googleで「電車が込む」に限定する場合はどうすればいいかというと，"電車が込む"と" "（ダブルクォーテーション）で囲んでから検索する必要があります。すると「"電車が込む"の検索結果　約69,100件」（実例は313件）となりました。次に"電車が混む"で検索してみます。「"電車が混む"の検索結果 約555,000件」（実例は781件）となりましたので，こちらのほうが正しいのではという予測ができます。以上のことからわかるように，" "（ダブルクォーテーション）でくくらない場合は，「込む」と「混む」の区別をせずに検索するようになっていることに注意する必要があります。うまく使い分ける必要があるといえます。

(16)　検索条件　　すべてのキーワードを含む
　　　　　　　　フレーズを含む　　　　　　　　|電車が込む|

また，いちいち" "（ダブルクォーテーション）を入力するのは

面倒であるという場合は、(16) のように、検索ボックスの右側にある「検索オプション」をクリックして、上から二つ目の「フレーズを含む」のところに「電車が込む」と入力するという方法があります。

(17) ＋電車が込む

1.5 節で詳しく述べますが、(17) のように、厳密に語彙を指定するには、半角の＋を前につける＋検索というやり方もあります。＋検索を使うと、語彙が「電車が」「電車」「込む」「が込む」であり、そのほかの「でんしゃ」「混む」「が混む」などの語彙ではないことを指定します。

1.4. サイト内検索（ドメイン内検索）、あいまい検索（OR 検索）

「サイト内検索（ドメイン内検索）」というものをしてみましょう。サイト内検索の利点は、信頼できるサイト内を検索できることにあります。インフルエンザに効くのは「タミフル」だったか「タフミル」だったかわからないとします。単に Google 検索してみると、2006 年 5 月の段階では、現在のように話題になっていなかったので、タフミルで検索したときでも、約 712 件というかなり多い件数が出ました。

(18) 最近、インフルエンザ治療薬として塩酸アマンタジン（商品名シンメトレル）、ザナミビル（商品名リレンザ）およびリン酸オセルタミビル（商品名**タフミル**）が認可されました。ア

マンタジンは A 型のみに有効で，ウイルスが細胞に吸着・
⟨www.pref.toyama.jp/branches/1279/kansen/inful/infu4.htm⟩

その第 1 例目が (18) でした。URL が pref.toyama となっていることからわかるように富山県の情報でしたので，一瞬こちらが正しいと思ってしまいました。念のために「タミフル」でも検索してみますと，約 99,100 件となり，こちらの数が圧倒的に多いことから「タミフル」が正しいことがわかりました。

こうした場合に，どちらが適切な言い方か調べる一つのやり方として，朝日新聞や読売新聞など新聞社のドメインを使って検索してみるというやり方があります。新聞記事は編集者の目を通しているので正しい結果が得られると考えられるからです。朝日新聞の URL は www.asahi.com，読売新聞の URL は www.yomiuri.co.jp，毎日新聞の URL は www.mainichi.jp です。したがって，朝日新聞のホームページのサイトから検索する方法もありますが，Google を使い，新聞社のドメインを指定して，タミフルとタフミルを検索してみる方法があります。ただし，Google や Yahoo の場合，検索できるのはそれぞれの検索エンジンが保存している期間ということになります。

             実例件数（推定件数）
(19) a. タミフル site:asahi.com 736 件（1,360 件）
  b. タフミル site:asahi.com 0 件（一致する情報なし）
  c. タミフル site:mainichi.jp 416 件（807 件）
  d. タフミル site:mainichi.jp 0 件（一致する情報なし）
  e. タミフル site:yomiuri.co.jp 429 件（5,900 件）
  f. タフミル site:yomiuiri.co.jp 14 件（166 件）

(20) a. 大毅3回KO，タフミル圧倒でデビュー8連勝：スポーツ特集：スポーツ報知-2回閲覧-5月20日
◆プロボクシング51.5キロ契約10回戦 ○亀田大毅（3回1分18秒，KO）タフミル● "浪速の弁慶"亀田大毅（18）＝協栄＝が，北の大地で世界挑戦ロードの第一関門を突破した。
⟨hochi.yomiuri.co.jp/feature/sports/.../20070224-OHT1T00058.htm⟩

b. インフルエンザ予防接種代がかかりますね：生活・身近な話題：
2009年11月6日 ... 今は予防接種ワクチンが足りないようですが，これからはインフルエンザを治す**タフミル**・リレンザ不足になるのかなぁー？ 私は，むしろそっちのほうが怖いです。
⟨komachi.yomiuri.co.jp/t/2009/1106/274024.htm?g=01⟩

(2009/11/15)

2009年11月15日現在，(19b, d)からわかるように，朝日新聞，毎日新聞ともに，タフミルの件数は0件と正しい結果となりましたが，読売新聞では，(19f)のようにタフミルが検索されました。(20a)は，ボクシングの選手にタフミルという選手がいるため，スポーツ報知のURLがhochi.yomiuri.co.jpであることから，その記事も同時に検索してしまうこと，また(20b)では，URLにkomachi.yomiuri.co.jpとあるように読者の投稿であるため，間違った綴りのままになっているということがわかります。

(21) a. 新型インフルエンザ：県内9人目死者／愛知-毎日jp（毎

日新聞）

2009年12月9日...**タフミル**を服用しても症状が治まらないため6日夜に入院し、7日午後9時に死亡した。県衛生研究所による遺伝子検査の結果、新型インフルエンザの感染が確認された。毎日新聞 2009年12月9日 地方版
〈mainichi.jp/select/science/.../20091209ddlk23040189000c.html〉

b. 新型インフルエンザ：県内9人目死者／愛知―毎日 jp（毎日新聞）

2009年12月9日...県健康対策課によると、男性は4日に普段より2～3度高い36・5度の熱が出て市内の医療機関を受診し、A型の陽性反応が出たため、タミフルを処方されて帰宅した。**タフミル**を服用しても症状が治まらないため6日夜に入院し、7日午後9...
〈mainichi.jp/area/aichi/news/20091209ddlk23040189000c.html〉

2010年3月4日現在、毎日新聞でも (21a, b) のように誤った記事が2件検索されました。新聞社のサイトであっても間違いがないとはいえないことがわかります。ただし、毎日新聞の愛読者の広場の URL は mainichi.co.jp となっていて、毎日新聞とは URL が違うために、投稿記事は拾わないようになっています。各新聞のホームページでの検索サイトでも以前とちがい、1年前くらいまでの記事の検索もできるようになっているので便利です。

次に、単語でなく熟語について検索してみましょう。この場合は、前節 1.3 節でも説明したように、" "（ダブルクォーテーショ

ン）をつける必要があります。

(22) 実例件数（推定件数）
a. "気の置けない" site:asahi.com 23件（65件）
b. "気の置ける" site:asahi.com 0件
c. "気の置けない" site:mainichi.jp 5件
d. "気の置ける" site:mainichi.jp 0件
e. "気の置けない" site:yomiuri.co.jp 190件（196件）
f. "気の置ける" site:yomiuri.co.jp 16件（271件） (Google)
(23)
a. "気の置けない" yomiuri.co.jp 392件（519件）
b. "気の置ける" yomiuri.co.jp 20件（23件） (Yahoo)

2010年3月4日現在では(22a-f)のようになりました。読売新聞では投稿サイトを拾ってしまうために間違った言い方でもかなりの件数がでています。また，(22f)の「気の置ける」のGoogleの推定件数は271件で，(22e)の「気の置けない」の推定件数196件よりも多くなっていて，注意が必要です。もちろん，実例件数をみれば正しい言い方のほうが多くなっています。これに対して，Yahooで同じ読売新聞のサイト内検索をした結果が(23a, b)ですが，Googleと違って推定件数でも正しい言い方が多い数字になっています。しかし，Yahooでサイト内検索をするには「条件を指定して検索」画面を開いてから，ドメイン指定というのをしなくてはいけないのが欠点です。（なお，2010年4月頃よりGoogleの推定件数が表示されない場合があるようになりました。この場合，「ツール」→「インターネットオプション」でクッキーを削除すると表示されるようになります。それでもうまくいかない場合

は，Google アメリカまたは Google イギリスで検索します。)

あいまい検索（OR 検索）というのをやってみましょう。これは Yahoo でも同じように使える機能です（OR は大文字にします）。

(24)
a. 気の置けない OR 気の置ける
b. 電車が込む OR 電車が混む

(25)
a. 気の置けない OR 気の置ける　　site:asahi.com　　23件（65件）
b. 電車が込む OR 電車が混む　　site:asahi.com　　0件
c. 電車が込む OR 電車が混む　　site:yomiuri.co.jp　　7件

(2010/3/8)

「気の置けない」か「気の置ける」かどちらかわからない場合，(25a) のように Google で入力します。あいまい検索（OR 検索）ではあえて " " をつけなくても問題ないようです。すると検出された最初のページで多く見かける言い方が正しい言い方であると推測できます。(25a) のように新聞社のドメインを指定しておくと確実です。しかし，2010 年 3 月 8 日現在，(25b) では一件も出てきませんでしたが，(25c) では読者の投稿欄があるために 7 件（混むが 6 件，込むが 1 件）ありました。それでも見つからない場合は (24b) の結果から判断するか，国語辞典などを調べることになります。なお，2010 年 3 月現在，朝日新聞のホームページの検索サイトではこの OR 検索ができるので覚えておくと便利だと思われます。

1.5. アステリスク検索, ＋検索, －検索

　英語では用いるのが有効なアステリスク（＊）を用いた検索は単語がスペースで区切られていない日本語ではあまり有効ではありません。2010 年 3 月 5 日現在の Google 検索の結果は以下の件数になりました。

(26) a. "背の*い人"　　site:asahi.com　　　　0 件
　　 b. "背の*人"　　 site:asahi.com　　　　12 件 (5,550 件)
　　 c. "背の*人"　　 site:yomiuri.co.jp　　 201 件 (1,520 件)
　　 d. "背の*人"　　 site:mainichi.jp　　　 0 件
(27) a. "背の*い人"　　　　　　　　　　　　 78 件 (13,000 件)
　　 b. 背のたか〜い人, 背のデカい人, 背の高〜い人

「背の高い人」「背の低い人」というような表現を探そうと, (26a) のように "背の*い人" としても朝日新聞のドメインを用いたサイト内検索では例が出てきません。(26b) のように形容詞部分をまるごとアステリスクにしておく必要があります。これは「高い」「低い」が形容詞として固まりをなしているからと思われます。(27a) のようにサイト内検索をしなければ出てきますが, (27b) のような少し表現が異なる語が中心でした。

(28) a. "とても*顔"
　　 b. とても顔のしみが気になりはじめ, とても顔が小さい, とても顔の好みの男性　　　　　　　　　　　　(Yahoo)
　　 c. とても良い顔, とても醜い顔, とてもいい顔, とてもかわいい顔, とても悲しい顔　　　　　　　　　(Google)
　　　　　　　　　　　　　　　　　　　　　　　　(2010/3/5)

Yahoo検索では2010年3月現在，"　"（ダブルクォーテーション）は使えますが，英語のように語と語の間に空白のない日本語では，アステリスク（＊）はそこに何がきてもいいという記号（ワイルドカード）にならず無視されます。したがって，(28a)で検索しても(28b)のような例になってしまうことに注意が必要です。(28c)はGoogle検索の場合で，おもに形容詞の例が検索されます。

　最後に，＋(プラス)検索と－(マイナス)検索の使い方を紹介します。＋検索というのは表記にゆれがあるときに使います。1.3節で「電車が込む」のか「電車が混む」のかを調べるときに"　"でくくるということをしましたが，この際＋をつけるという方法もあると述べました。

(29) a. ＋電車が込む
   b. ＋電車が混む
(30) <u>**電車が**"こむ"は，私は「混む」が世間でよく使われるのかと思…</u>
   電車が"こむ"は，私は「混む」が世間でよく使われるのかと思っていました**が**，「**込む**」が一般的なんでしょうか？どちらも一般的，というご回答の場合には，混むと**込む**では言葉の意味の違いはないということで…
   〈http://detail.chiebukuro.yahoo.co.jp/qa/question_detail/q127351117〉
(31) <u>今日**電車**の中で私の胸の谷間を覗き**込む**中学生の集団がいた</u>
   今日**電車**の中で私の胸の谷間を覗き**込む**中学生の集団がいたのちょっとサービスして胸元を寄せてみたら，中学生たちが「おぉー…」とか言っ…

⟨2r.ldblog.jp/archives/2244413.html⟩　　　　(2010/3/5)

(29a) のようにすれば，少なくとも「電車が」と「込む」のある例が出てきますが，""（ダブルクォーテーション）で囲んでいないので，(30) のように「こむ」が後続している例が含まれていても防ぐことはできませんし，(31) のように，「覗き込む」であって「電車が込む」でない例が入ってくることも防げません。したがって，Google では語句が分離しない例を探したい場合には，やはり " " で囲んで検索する必要があることがわかります。これに対して，Yahoo では，Google とちがって (29a, b) のように半角の＋をつけるだけで，" " をつけた場合とほぼ同じ結果となるようです。

　しかし，1 語の場合で，どちらを入力しても同じ件数が出るような場合は，" " でくくらず，＋をつけることによってその違いを出すことができます。

			Google	Yahoo
(32)	a.	コンピュータ	942 (103,000,000)	1,000 (544,000,000)
	b.	コンピューター	872 (103,000,000)	1,000 (543,000,000)
(33)	a.	ヴァイオリン	839 (6,740,000)	1,000 (43,200,000)
	b.	バイオリン	845 (6,760,000)	1,000 (43,200,000)
(34)	a.	＋コンピュータ	669 (95,000,000)	1,000 (445,000,000)
	b.	＋コンピューター	788 (18,500,000)	1,000 (112,000,000)
(35)	a.	＋ヴァイオリン	586 (3,080,000)	1,000 (21,500,000)
	b.	＋バイオリン	765 (4,690,000)	1,000 (24,700,000)
			実例件数（推定件数）	実例件数（推定件数）

上の数値は 2010 年 3 月 8 日現在のものですが，たとえば (33a,

b) でわかるように,「コンピュータ」と入力しても「コンピューター」と入力しても同じくらいの件数になり,どちらが正しいのか迷います。これはどちらの語を入力してもどちらも検索されるようになっているからです。こうした場合には,＋を語の前につけることで違いを見つけることができます。また,「ヴァイオリン」と「バイオリン」とでは＋をつけることで,やや後者が優勢であるが,それほど違いがないので,どちらでもいいことがわかります。参考のために Yahoo 検索もしてみましたが,同じような結果が出ます。なお,Google では＋記号は厳密に半角のものを,－は（半角のマイナスでなく）半角ハイフンを使う必要がありますが,Yahoo ではどちらの記号も,全角でも半角でもほぼ同じ結果になるようです。(34a) と (34b) では実例件数と推定件数が相反する結果となっていることにも注意が必要で,Google では数字が1万件を超えてくるとしばしば生じる現象です。

　たとえば,有馬について調べようとする場合,温泉以外の要素を調べたいということがありますが,有馬では温泉ばかりの例が最初に出てきます。

(36) 有馬　－温泉

こうした場合には (36) のようにマイナス検索を使うことで,温泉の要素は排除できます。また,検索オプションなどの画面を開いて「キーワードを含めない」に「温泉」と入れることでもマイナス検索はできます。

　なお,こうした煩わしいことをさける検索エンジンとして,Clusty (http://clusty.com/) がありましたが,Yippy 社が買収して,2010 年 6 月現在 URL が (http://search.yippy.com/) となっ

ています。その日本サイト (http://jp.yippy.com/) もありますが,現在のところ前者のサイトを使うほうが,情報量が多いのでお勧めします。いずれにしても,クラスター (clouds と表示されている) という種類にわけてくれるタイプなのが利点です。

(37) 神戸　有馬　All Results (49):
元湯龍泉閣 (6), 高速バス (4), 神戸市, 兵庫県 (4), 新神戸ロープウェイ (2), 078-904 (4), じゃらん net (2), Feel Kobe (2), 第 18 回, おとな旅あるき旅 (2), トラベル (2)

(38) 外国人の名前　All Results (50):
外国人 (6), もし外国人だった時の名前占い (3), 外国人名前シリーズ, 漢字 T (3), 日本で紹介しにくい外国人有名人の名前, Youtube (3), 外国人名前読み方辞典 (3), Okwave (2), 知恵袋, ベストアンサー (2), 相談なら msn, 外国人の (2)

Advanced search を開いて言語を日本語とか英語に指定しておいて検索することも可能です。日本のことを検索する場合は日本語に指定しておいて,「神戸　有馬」で検索すると, (37) のように内訳を示してくれますので, その中から目的のものを選ぶことができます。また,「外国人の名前」で検索したものが (38) で, 関心や目的に合った箇所をすぐに選べます。いずれも 2010 年 3 月 5 日現在の結果ですが, イメージをつかむのに便利です。

(39) Colin Firth　All Results (190):
Photos (63), Pride and Prejudice (27), Single (21), Film, TV (16), Wins, Best Actor (18), Tom Ford (12), Fansite (6), Bridget Jones (8), DVD, Amazon (9)

(2010/3/14)

もちろん，英語のほうが情報も豊富です。好きな俳優とか歌手，お店などについて知りたい場合はこのサイトで検索すると，いろんな情報が一挙に見られるので，試してみるといいと思われます。(39) はイギリス俳優の Colin Firth で検索したもので，映画 *Bridget Jones's Diary* や *Bridget Jones: The Edge of Reason* に出ていた俳優ですが，イギリスでは BBC のドラマ *Pride and Prejudice*（高慢と偏見）に出たことで有名ですので上位にあります。2010 年にはイギリス版アカデミー賞で Best Actor（最優秀男優賞）をとったことも反映した結果となっています。クラスターをさらにもっと見たい場合は，その下にある more, all clouds のいずれかをクリックします。

第 2 章

英文検索に適したサイト

2.1. Google 日本は適切か

Googleで自分の求める英文をネット上で探す場合,一般にはGoogle 日本のままで検索します。どうしても外国のサイトで検索したいと思って,URL を google.com としても google.co.jp にもどってしまう設定になっています。Google アメリカの画面にしたい場合は,URL を Google アメリカ (http://www.google.com/intl/en/) にするか,Google イギリス (http://www.google.co.uk) に変更して利用します。ただし,画面が日本語のGoogle UK (http://www.google.co.uk/intl/ja/) になる場合があり,その場合は言語を English に変える必要があります。しかし,2.2節でその理由を説明しますが,普段は Google 日本のままでもいいと思います。

(1) CDC: H1N1 Flu (*Swine Flu*)
 Information from the Centers for Disease Control and Prevention on this disease, the rapidly evolving situation and what the public can do to stay healthy.
 〈www.cdc.gov/H1N1FLU/〉 —キャッシュ
 (この病気に関する米国疾病予防管理センターからの情報,急速に広まりつつある状況であり,病気にかからないためにみなさんができること)

(2) 豚インフルエンザ—Wikipedia
 豚インフルエンザ (ぶたインフルエンザ, *swine influenza*, *swine flu*, hog flu, pig flu) とはオルトミクソウイルス科 A 型インフルエンザウイルス (属) の感染によるブタの感染症である。

⟨ja.wikipedia.org/wiki/豚インフルエンザ⟩ ―キャッシュ

(3) H1N1 *influenza* news & info from Japan | The Japan Times Online

The government is considering canceling some of its ***swine flu*** vaccine purchase contracts with foreign pharmaceutical companies due to a likely surplus, according to health minister Akira Nagatsuma.

⟨www.japantimes.co.jp/news/swine_flu.html⟩

(長妻昭厚生労働大臣によると,政府は新型インフルエンザワクチンが余る可能性があるので海外の製薬会社とのワクチン購入契約を一部キャンセルすることを検討しているとのことである)

(2010/3/5)

ただ Google 日本のままで英文などを検索する際の問題は,たとえば,2010 年 3 月 5 日現在,「swine flu」と入力した結果の上位 3 件が (1)–(3) です。(3) は日本の英字新聞社の記事ですので,日本のサイトが二つもあることがわかります。

(4) 感染症情報センター ⟨パンデミック (H1N1) 2009⟩

世界保健機関(WHO)による新型インフルエンザの情報等。… 疾患別情報⟩ パンデミック(H1N1)2009(2010 年 2 月 18 日 19 時更新)… アメリカ合衆国・疾病対策センター(CDC): H1N1 **Flu** (**Swine Flu**) … ・

⟨idsc.nih.go.jp/disease/swine_influenza⟩ ―キャッシュ

(5) CDC 2009 H1N1 Flu

Use of Tamiflu and Relenza for treatment or prevention of H1N1 flu

Swine Flu Info. Tell us what you [think about this page]

⟨www.cdc.gov/**swineflu**⟩―キャッシュ

(H1N1 インフルエンザの治療もしくは予防のためのタミフルとリレンザの使用。新型インフルエンザ情報。このページについての感想を求めます)

(6) **Swine Flu!** ―作務衣で歩くマンハッタン
Swine Flu! 2009 年 5 月 2 日. 日本のニュースなどを見ていますと, 豚インフルエンザが相当大きく報道されているようですが, 何かやりすぎな感じ
⟨www.higan.net/blog/NY/2009/05/**swine_flu**⟩

(7) CDC: H1N1 **Flu** (**Swine Flu**)
Stay informed with up-to-date news, and learn what you can do to stay healthy. H1N1 Flu & You. What to Do If You Get Symptoms.
⟨www.cdc.gov/h1n1flu-51k-Cached⟩
(最新のニュースを知るように心がけなさい。病気にかからないために何ができるか覚えておきなさい。HINI インフル情報。症状があったらどうすべきか) (2010/3/5)

(4)-(6) は Yahoo! Japan で検索した上位 3 例ですが, そのうち 2 例が日本のサイトでした。つまり, 英語の語句を検索しても, 検索されるのは英米のサイトだけではないということになります。また, 語句を入れての Google 検索では, Yahoo 検索ではあった (6) が (情報が古いために) すでに検索対象からはずされていました (URL を入れると表示されましたが)。(1) と (5) は同じ CDC のサイトであるのに検索された部分は別のものになっています。また, Yahoo アメリカで「swine flu」で検索した時の CDC のサイトは (7) で, これら 3 件とも, 検索された情報

は違っていることを示しています。実際に (5) の URL を入力すると自動的に (7) に切り替わりました。つまり，Yahoo! Japan の検索結果の (5) はすでに古い情報になっていることがわかります。また，(1) の記事内容もすでに削除されていました。これはすでに述べたように，検索したのは記事それ自体ではなく，Google や Yahoo の検索エンジンが保存している記事だからといえます。こうした事実からしても Yahoo と Google の検索結果は必ずしも同じものにならないこと，また Google アメリカで検索した時に上位にくるサイトが，Google 日本で同じ語句で検索しても必ずしも上位にこないことを示しています。

なお，(1)(2)(4)(5)(7) の例でもわかるように，キャッシュ (cached) というものが URL の後についていることがあります。これはウェブページをクリックしたときに本来のページがすでに削除されている場合，このキャッシュをクリックすることで，Google や Yahoo の検索エンジンがしばらくの期間保存しているので，それを見ることができるというものです。また，ここをクリックすると文字が黄色などでハイライトされるので，どこに検索する語句があるかわかりやすく，あえてこちらから探すほうが便利という場合もあります。

(8) "I ran in the park"

検索における問題は語句だけではありません。たとえば，I ran in the park. という文を Google 日本で検索することにします。この場合，語順を保持するには (8) のように " " (ダブルクォーテーション) でくくる必要があるのは日本語の場合と同じです。

(9) Particles ni, de and e [Archive]-Japan Forum
Yes, you can, but your sentence means "I ran in the park." "I ran through the park" would be 公園を走りました. ... (I ran in the park.) 私は公園で走っていました。(I was running in the park.) 私は公園のまわりを走りました。
⟨www.jref.com/forum/archive/index.php/t-17108.html⟩ ─キャッシュ

(10) 前置詞 in, at の違いをお教え下さい。単に面積の大きさだけでは ...
I ran in the park. I ran at the park. 公園のように開けた場所は，囲まれているといえば囲まれているので in でもいいですし，でも開けているので at も OK。あなたの文章については，I met him in the station. だと，駅の建物の中って印象を受けます。
⟨detail.chiebukuro.yahoo.co.jp/qa/question_detail/q1432658169-⟩

(11) 厨房の英文法(笑)・第7日目
の run と辞書の run は同じですが，I ran in the park yesterday. だと ran は辞書の run とは違う形になっています。つまり過去形になっていますね。すなわち，品詞における動詞の run と，文の要素における動詞の run は違うものなのです。
⟨www.lingua-land-jp.com/chubo/chubo07.htm⟩ ─キャッシュ
(2010/3/5)

(9)-(11) が最初の3例ですが，すべて日本の例となっています。こうしたことからも英語を学習するには，簡単なのは Google アメリカとか Google イギリスを検索することですが，

Google 日本のまま使う際には，できれば日本のサイトは開かないようにする工夫がいることがわかります。

2.2. サイト内検索（ドメイン内検索）と検索オプション

英語を学習するために日本語のサイトを開かないようにする方法の一つに，(すでに 1.4 節で新聞社のドメインを使った検索でも紹介しましたが) 英米のドメインを指定するサイト内 (ドメイン内) 検索があります。ただし，.uk (イギリス) というドメインはありますが，.usa (アメリカ) というドメインはありません。.com (商用)，.net (ネットワーク)，.org (非営利団体) はアメリカ以外でも用いられています。アメリカ国内でのみ用いられているのは .gov (政府)，.mil (軍)，.edu (教育機関)，.us (州政府・市庁) くらいのようです。したがって，Google 日本のままでアメリカのドメイン内を検索する方法の一つは，アメリカの大学を示す edu (もしくは政府を示す gov) というドメインを指定した検索をするということが考えられます。edu に対応するのはイギリスの大学を示す ac.uk ですが，edu に比べて件数が少なくなる場合は uk で検索するのもいいと思われます。

(12)　　　　　　　　　　　site:edu　　　site:uk　　site:ac.uk
a. "I ran in the park."　　　4 件　　　　2 件(8,210)　1 件
b. "We played basketball."　83 件(4,380)　45 件(328)　　7 件
c. "I bought a computer."　42 件(25,100)　124 件(8,210)　4 件

(12) は 2010 年 3 月 6 日の検索結果です。なお，この検索ボックスにドメインを直接入力してサイト内検索するというやり方は

Google（および Bing）のものであって Yahoo! Japan では「条件を指定して検索」の画面を開いてからしかドメインを指定できません。この点が Google の便利なところといえます。

もちろん，サイト内検索をしたからといって，すべてが信頼できる情報とは限りません。しかし，サイト内検索をしない場合は英語圏以外の人が書いた間違った英語をより多く含む可能性が高くなるということに注意が必要です。

サイト内検索をした場合，(12b, c) では十分な件数がありますが，(12a) では 4 件，2 件，1 件というように件数が十分でないことがあります。こうした場合は，Google の「検索オプション」を使って地域指定を用いた検索をする方法があります。そこで，この「検索オプション」の使い方を紹介します。サイト内検索では「アメリカ合衆国」と指定するドメインがないと述べましたが，「検索オプション」を使えばこの指定ができます。まず，検索バーの右にあるオプションをクリックします。

(13)　Google 検索オプション

　　　検索条件　すべてのキーワードを含む

　　　　　　　　フレーズを含む　　　　　 I ran in the park
　　　地域　　　検索対象にする地域　　　 アメリカ合衆国

そして (13) のように「検索対象にする地域」で，選択肢から「アメリカ合衆国」を選びます。この検索オプションの画面では I ran in the park を " "（ダブルクォーテーション）でくくらずに「フレーズを含む」に入れます。クォーテーションを入力するのが面倒な場合も，この検索オプション画面の「フレーズを含む」の検索ボックスに，「I ran in the park」と入れるとクォーテー

ションを入れる必要がありません。「I'm running」のようにアポストロフィがある場合，うまく半角にならずに全角になることがありますが，この画面ではアポストロフィを空白にして「I m running」として単に半角空けるだけでアポストロフィを入れた場合と同じ検索結果を得られますので覚えておくと便利です。

　ここで，「検索の対象にする地域」を選ぶということはどういうことなのかを "I ran in the park" の件数で調べてみます。

(14)　I ran in the park
a. Google USA　地域指定不可　　　指定なし　　　　65件 (298,000)
b. Google UK　　地域指定不可　　　指定なし　　　　65件 (298,000)
c. Google UK　　地域指定不可　　　pages from UK　3件
d. Google 日本　地域指定なし　　　指定なし　　　　67件 (298,000)
e. Google 日本　「アメリカ合衆国」　指定なし　　　　44件 (257,000)
f. Google 日本　「イギリス」　　　　指定なし　　　　 3件
g. Google 日本　com 指定　　　　　英語　　　　　　39件 (13,800)
　　　　　　　　　　　　　　　　　　　　　　　　　(2010/3/7)

(15)　swine flu symptoms　（新型インフルエンザの症状）
a. Google USA 地域指定不可　　　指定なし　　　　630件 (46,300,000)
b. Google UK　地域指定不可　　　指定なし　　　　598件 (3,180,000)
c. Google UK　地域指定不可　　　pages from UK　547件 (338,000)
d. Google 日本「アメリカ合衆国」指定なし　　　　562件 (39,300,000)
e. Google 日本「イギリス」　　　　指定なし　　　　555件 (8,140,000)
　　　　　　　　　　　　　　　　　　　　　　　　(2010/3/9)

Google 日本では「アメリカ合衆国」「イギリス」という地域指定ができますが，Google アメリカ (USA) は Google イギリス (UK) を取り込んでいるらしく，地域指定もできないために，

(14a) と (14b) との違いがないことがわかります。もちろん地域特性がある swine flu symptoms (新型インフルエンザの症状) で検索しますと, (15) でわかるように, Google アメリカと Google イギリス (the web) では件数が違いました。さらに Google イギリスで pages from UK をクリックすると, さらに少ない件数になりました。こうした結果をみると, 英米の違いを知るためには, Google アメリカがイギリスを含んでしまうことから, むしろ Google 日本で「アメリカ合衆国」もしくは「イギリス」と地域指定をするほうがよいということがわかります。

したがって, アメリカ英語の用法を調べるには, (14e) もしくは (15d) で調べるしかないし, それに対するイギリス英語の用法を調べるには (14f) もしくは (15e) になることがわかります。英米の違いにこだわらないのなら Google アメリカもしくは Google イギリスで調べるというのもいいと思われます。ただし, (14a) と (14d) を比較しますと (14d) では日本語と英語が交じった文が最初のページに多く出てきたことからも, 検索に際しては地域を限定する対策をとる必要があります。

(16) a. (14a) の実例 65 の内訳:
  com 47 org 5 edu 2 net 2 info 1 uk 1 fr 4 cz 1 mx 2
 b. (14g) 英語指定 com 39 の内訳:
  アメリカ 33 (イギリス 2) 日本 2 フランス 1 メキシコ 1 アイルランド 2 中国 1

また, (14a) の実例 65 件のドメインを調べてみますと, (16a) のようにさまざまなドメインを含んでいることがわかります。ま

た，(16b) で合計数が合わないのは，検索条件が違うため，(14g) の実例としては検索されないが，英語指定かつ com 指定で「フランス」と限定すると検索される例があったりしたためです。いずれにしても com となっていても，使用国がアメリカだけではないことが (16b) からわかります。

(17) a. I was out walking **my** dog when I noticed that the woman walking in front of me had a whole lot of **baby spiders** crawling around in **her** hair.
   b. **犬**を散歩に連れて出かけたところ，自分の前を歩いている女性をよく見ると，驚いたことに，**髪の毛に蜘蛛の赤ちゃん**がうようよしているのに気づいた。

マーク・ピーターセン『続日本人の英語』(1990: 59-60) では，(17b) の日本語を英語で表現すると (17a) となるとし，次のようなことを述べています。

dog の前に何もついていない場合は，一匹の犬ではなく，「犬肉」という意味になる。単数のものだから，無冠詞の「裸」の名詞だと，不可算のものになってしまうからである。定冠詞の "I was walking **the** dog" という表現を使ってもよいが，その言い方は「犬というものは，大体，どの家にもファミリー・ペットとして飼われているものである」という暗黙の前提に基づいている言い方である。特にそのつもりのない場合は，別の表現にしたほうがよい。したがって，my dog は日本語の感覚とちょっと違って，「私の犬だよ」というふうな強調のニュアンスはなく，ほかに言いようがないからである。

いずれにしてもこうした事実が反映されるのかを Google 検

索で調べてみました。

(18)

a. "I was out walking my dog"　　　　site:edu　　11件（115）
b. "I was out walking the dog"　　　　site:edu　　7件
c. "I was out walking my dog"　　　　site:ac.uk　　1件
d. "I was out walking the dog"　　　　site:ac.uk　　0件
e. "I was out walking my dog"　　　　site:uk　　58件（30,800）
f. "I was out walking the dog"　　　　site:uk　　68件（29,200）
　　　　　　　　　　　　　　　　「アメリカ合衆国」　「イギリス」
g. "I was out walking my dog"　　414件（24,300）　92件（50,200）
h. "I was out walking the dog"　　295件（18,500）　93件（52,800）
i. "I was out walking dog"　　　　5件　　　　　　　0件

(18a-i) が2010年3月7日の結果です。確かにサイト内検索の件数だけを見る限りでは，アメリカ人である彼の言うとおりともいえそうですが，地域指定をした例 (18g-h) を見てみると，イギリスでは意外に the も使われるということがわかります。つまり，イギリスでは犬をファミリー・ペットとみなしている人が依然として多いという文化があることがわかると同時に，Google 検索に地域指定を使う有効性がわかります。

また，Google 検索はいいかげんだと疑いを持つ場合には，たとえばイギリスの新聞とアメリカの新聞の検索サイトで検証するということが考えられます。

(19)　イギリスの新聞　　　　　*The Times*　　*the Guardian*
a.　I was walking the dog.　　　5例　　　　　7例
b.　I was walking my dog.　　　2例　　　　　4例

(20) アメリカの新聞　　　*New York Times*　*the Seattle Times*
a. I was walking the dog.　　　5例　　　　　　1例
b. I was walking my dog.　　　74例　　　　　　5例

2010年3月7日の結果は(19), (20)のようになっていて，Google検索の結果を裏付けてくれることがわかります。

Googleでは地域を「アメリカ合衆国」などに限定したまま，続けて作業を行う場合，検索を続けてクリックすると，条件がもとの「すべての地域」に戻ってしまいます。したがって，同じ地域指定の条件で検索を続けるには，Internet Explorerでは「戻る」の矢印をクリックしないといけません。この点はちょっと使い勝手が悪いところだと言えます。ただし，「英語」などの言語の指定は変わらないようです。

2.3. Googleのサイト内検索

サイト内検索で十分な件数が出ない時は地域指定による検索で補完すればいいということがわかりましたので，利用が簡単なサイト内検索をやってみます。

たとえば，「お風呂に入る」という場合，take a bathとhave a bathのどちらを使うかというのを調べてみます。前者が米国語法で後者が英国語法といわれていますし，ロングマン現代英英辞典 *LDOCE* 第5版(2009)にもその記述があります。Googleを使ってこのことを確かめる方法としては，(12a-c)でも例示しましたが，アメリカの大学eduとイギリスの大学ac.ukのドメイン内を比べるという方法があります。

(21) 実例件数（推定件数）
    a. "take a bath"   site:edu   851 件（110,000）
    b. "have a bath"   site:edu   206 件（164,000）
    c. "take a bath"   site:ac.uk   150 件（7,110）
    d. "have a bath"   site:ac.uk   193 件（26,900）
    e. "take a bath"   site:uk   708 件（280,000）
    f. "have a bath"   site:uk   582 件（809,000）
(22) a. "take a bath"   site:edu   英語   848 件（108,000）
    b. "have a bath"   site:edu   英語   204 件（163,000）
    c. "take a bath"   site:ac.uk   英語   149 件（7,050）
    d. "have a bath"   site:ac.uk   英語   189 件（26,700）
    e. "take a bath"   site:uk   英語   712 件（289,000）
    f. "have a bath"   site:uk   英語   582 件（808,000）
(23) a. take a bath 「アメリカ合衆国」 645 件（12,500,000）
    b. have a bath 「アメリカ合衆国」 592 件（21,100,000）

　2010 年 3 月 6 日の結果は (21)‐(25) のようになりました。（　）内が推定件数で，前に示した件数が実例としてあがっていた件数です。(22) はさらに「英語」と指定した場合の数字です。Google 日本ではさらに「英語」と指定すると，かなり数字が違いましたが，もともと edu はアメリカのものですし，uk はイギリスのものですので，「英語」と指定してもしなくてもそれほど有意差はないように思いますので，言語として「英語」を指定しなくてもよいと思われます。ところが，(21a) と (21b) とを比べてみますと，推定件数では (21b) のほうが (21a) より多いので辞書で書かれていることと逆になっています。しかし，実例件数は逆になっていて，こうした場合どちらを信用すべきか迷いま

す。サイト内検索をやめて (23a, b) のように「アメリカ合衆国」で検索しても同じでした。さらに、(21e) と (21f) でも同じように数字が逆転しているという現象があります。

(24) a. "we took a bath"　　site:edu　　18 件 (13,800)
　　 b. "we had a bath"　　 site:edu　　9 件
　　 c. "we took a bath"　　site:ac.uk　 3 件
　　 d. "we had a bath"　　 site:ac.uk　 4 件
　　 e. "we took a bath"　　site:uk　　 14 件 (18,100)
　　 f. "we had a bath"　　 site:uk　　 92 件 (145,000)
(25) a. "I took a bath"　　　site:edu　　69 件 (27,400)
　　 b. "I had a bath"　　　 site:edu　　25 件 (63,700)
　　 c. "he took a bath"　　 site:edu　　46 件 (26,300)
　　 d. "he had a bath"　　　site:edu　　10 件
(26) a. "I took a bath"　　　site:uk　　 70 件 (28,600)
　　 b. "I had a bath"　　　 site:uk　　 249 件 (17,600)
　　 c. "he took a bath"　　 site:uk　　 27 件 (18,000)
　　 d. "he had a bath"　　　site:uk　　 62 件 (99,200)
　　　　　　　　　　　　　　　　　　　　(2010/3/6)

こういう場合は、主語や時制をつけるなどの検索条件をふやして件数を少なめにすると違いがはっきりすることがあります。(25a, b) の主語を I にした場合だけは、依然として推定件数は反対の結果になりました。いずれにしても、英語の検索では、実例件数のほうが一般に信頼性があると考えてよいと思われます。

　二つのものを簡単に比較できる Googlefight (http://www.googlefight.com) というサイトがあります。

(27)

		Google 日本	Google 日本(英語指定)	Googlefight
a.	"take a bath" site:edu	841 件 (108,000)	(106,000)	(107,000)
b.	"have a bath" site:edu	206 件 (192,000)	(160,000)	(191,000)

		Google アメリカ	Google イギリス
c.	"take a bath" site:edu	840 件 (108,000)	839 件 (108,000)
d.	"have a bath" site:edu	204 件 (161,000)	204 件 (161,000)

(2010/3/9)

(28)

		Google 日本
a.	"take a bath" site:edu	840 件 (9,730)
b.	"have a bath" site:edu	242 件 (2,630)
c.	"take a bath" site:ac.uk	148 件 (389)
d.	"have a bath" site:ac.uk	219 件 (591)

(2009/8/10)

実例件数(推定件数)

　Googlefight では二つの語(句)の実例件数でなく推定件数を戦わせますので，(27) でもわかるように，正しい結果を示すとは限らないことがわかります。(28) は 2009 年 8 月 10 日の結果ですが，以前は推定件数が少なかったために実例件数と相関関係があったのに，現在では推定件数が大きく増加しているために異なる結果となっているということがわかります。いずれにしても，Google の推定件数は数が 1 万件を超える水準になると疑う必要があり，実例件数で比べる必要があるのではないかと思われます。

　サイト内検索や地域指定をした検索の重要性は，基本的にはアメリカもしくはイギリスのサイトのみを検索することで，文法的に間違った文をできるだけ排除するということです。したがっ

て,「お風呂に入る」というのを英語で書こうとするときは, ドメインを指定しておき, (29) のようにアステリスクを用いて Google 検索をすればどういう動詞を使えばよいかの参考になります。アステリスクの利用の仕方については 3.1 節で説明します。

(29) a. "I * a bath"
   b. "I * a bath" site:edu
   c. "I * a bath" site:ac.uk
   d. "I * a bath" site:uk

(30) a. How soon after my surgery can **I take a bath**, get in the hot tub or go swimming (i.e., be submerged in water)?
   ⟨health.ucsd.edu/specialties/lapband/faq/⟩
   (手術後どれくらいしたらお風呂に入ったり,温水浴槽につかったり, あるいは水泳したり (つまり水に体を沈めたり) できますか)

   b. To this day I still feel dirty if **I take a bath**.
   ⟨ssw.unc.edu/fcrp/fp/fp.../thriving.htm⟩
   (現在でもなお私はお風呂に入っても自分が汚いと思っています)

(31) a. Sadly the most exciting thing I can think to tell her from yesterday is that **I had a bath**!
   ⟨christie.man.ac.uk/pmp/forum/printer_friendly_posts.asp?TID...⟩
   (悲しいことに昨日とは違うと彼女に言えると思う最高のことはお風呂に入ったということでした)

   b. **I took a bath** and was now ready to meet Sheffield.
   ⟨www.shef.ac.uk/swirl/jamaica⟩

（お風呂に入ったので，今やシェフィールド大学の人たちと会う用意ができた）

(32) **I had a bath** with the Easter bunny!
⟨www.dooyoo.co.uk›Fashion & Beauty›Body Care⟩
（イースターウサギ型のバスボム（入浴剤）を入れてお風呂に入ったよ） (2010/3/7)

「お風呂に入る」という文を書こうとする場合，単に (29a) のようにするのではなく，アメリカ英語で書きたいときは (29b) のように，イギリス英語で書きたいときは (29c) のようにすることで目的の動詞を見つけることができます。いずれも 2010 年 3 月 7 日の上位 2 例ですが，(29b) の edu のドメインでは (30a, b) のような例があり，(29c) の ac.uk のドメインからは (31a, b) のような例が出てきて，違いがあることがわかります。ただ，(31b) はジャマイカ出身の学生のようなので，大学のサイト内検索といえども注意が必要です。適当と思える例が見つからない場合は，(29d) のようにドメインを uk にしての検索も試してみてもいいでしょう。(32) はその最初の例でした。

次に，on second thought が米国語法，on second thoughts が英国語法という *LDOCE* 第 5 版 (2009) の記述が正しいかについても調べてみます。

(33) a. "on second thought"　　site:edu　　769 件 (52,200)
　　b. "on second thoughts"　　site:edu　　208 件 (15,000)
　　c. "on second thought"　　site:ac.uk　　87 件 (700)
　　d. "on second thoughts"　　site:ac.uk　　128 件 (1,710)
(2010/3/7)
(34) a. "on second thought"　　site:edu　　814 件 (7,350)

b. "on second thoughts"   site:edu   215 件（763）
  c. "on second thought"   site:ac.uk   93 件（265）
  d. "on second thoughts"   site:ac.uk   144 件（475）

(2009/8/29)

(33a) と (33b) ではかなりの開きがあるので，on second thought が米国語法であることが確認できます。これに対して (33c) と (33d) を比べてみると，差が2倍もないことから，イギリスでは，on second thoughts が本来の語法であるとしても，アメリカからの影響をうけて米国語法である on second thought も使われるようになってきていることがわかります。半年前の検索の数字 (34a-d) でも同じことが言えます。

2.4. Yahoo の検索オプション

また，意外と知られていませんが，Yahoo でも " "（ダブルクォーテーション）の使用など Google と同じようなことができるようになっています。詳しい利用法は 4.1 節〜4.3 節で解説します。

(35)　ウェブ　画像　動画　ブログ　辞書　知恵袋
　　　　"I ran in the park"
(36)　キーワード　　すべて含む
　　　　　　　　　順番も含め完全に一致
　　　　　　　　　I ran in the park
(37)　対象とする国　アメリカ

(35) のように検索ボックスに直接文字を入力してもよいし，

(36) のように「条件を指定して検索」の画面で「順番を含め完全に一致」という場所に入力しても同じです。また，Google と同じように「対象とする国」を指定することができます。また，Google と違って，(37) の「対象とする国」で「アメリカ」「イギリス」など国を指定したあと，次に別の語句を検索する場合でもこの条件は保持されていますので，続けて同じ国を指定して検索したい場合にはとても便利です。また，ブログを含めないという指定もできます。

(38) a. "we took a bath"　　「アメリカ合衆国」810 件（1,210,000）
　　 b. "we had a bath"　　 「アメリカ合衆国」401 件（5,180,000）
　　 c. "we took a bath"　　「イギリス」　　　 27 件（34,900）
　　 d. "we had a bath"　　 「イギリス」　　　148 件（287,000）
　　 e. "I took a bath with"「アメリカ合衆国」358 件（5,540,000）
　　 f. "I had a bath with" 「アメリカ合衆国」 75 件（276,000）
　　　　　　　　　　　　　　　　　　　　（Google 2010/3/9）
(39) a. "we took a bath"　　「アメリカ」　　1,000 件（12,700）
　　 b. "we had a bath"　　 「アメリカ」　　1,000 件（8,310）
　　 c. "we took a bath"　　「イギリス」　　 128 件（746）
　　 d. "we had a bath"　　 「イギリス」　　 468 件（1,710）
　　 e. "I took a bath with"「アメリカ」　　 920 件（2,340）
　　 f. "I had a bath with" 「アメリカ」　　 252 件（549）
　　　　　　　　　　　　　　　　　　　　（Yahoo 2010/3/9）

　(38) が Google 検索の結果，(39) が Yahoo 検索の結果です。推定件数では確かに Google のほうが多いですが，実例件数では Yahoo のほうが多いことがわかります。Google の (38a, b) では推定件数と実例件数が相反する数になっていますが，

Yahoo ではこういうことはほとんどありませんので，(39a, b) でも実例件数は上限がある関係で同じですが take a bath のほうが多いと判断できます。また，Google は実例件数が 900 件くらいまでなのに対して Yahoo は実例件数が 1,000 件まで見られるようになっています。ただ，推定件数は 1 回に 10 件表示させる場合と 100 件表示させる場合とでは数字が少し違うことがあるので注意が必要です。このことは Google にも当てはまります。

　Yahoo! Japan でも「条件を指定して検索」画面からドメインを指定したサイト内検索をすることもできます（Yahoo アメリカなどでは Google と同じやり方ができます）。

(40)　ウェブ検索結果
　　　.edu を対象に検索しています。すべてのドメインを対象に再検索

(41) a.　"take a bath"　site:edu　　　1,000 件（28,600）
　　 b.　"have a bath"　site:edu　　　391 件（1,260）
　　 c.　"take a bath"　site:ac.uk　　204 件（251）
　　 d.　"have a bath"　site:ac.uk　　436 件（528）
　　　　　　　　　　　　　　　　　（Yahoo 2010/03/07）
(27) a.　"take a bath"　site:edu　　　841 件（108,000）
　　 b.　"have a bath"　site:edu　　　206 件（192,000）
　　　　　　　　　　　　　　　　　（Google 2010/3/9）

　Google では site:edu は同じ検索ボックスに指示が表示されるのですが，Yahoo では (40) のように検索ボックスの下に表示されます。いずれにしても，Google の特徴であると思われていたものが，現在は Yahoo でも同じように行えることが確認できます。ただし，ドメインの指定のほうは「対象とする国」の指定

の場合と違って,検索が終わると一旦解除されてしまうので注意が必要です。

検索エンジンとしては,ほかに Yahoo 系の AlltheWeb (http://www.alltheweb.com/) があります。

				実例件数（推定件数）
(42)	a.	"take a bath"	site:edu	1,010 件 (27,600)
	b.	"have a bath"	site:edu	547 件 (1,180)
	c.	"take a bath"	site:ac.uk	194 件 (233)
	d.	"have a bath"	site:ac.uk	375 件 (443)

(AlltheWeb 2010/03/07)

(43)	a.	"take a bath"	site:edu	1,000 件 (76,000,000)
	b.	"have a bath"	site:edu	363 件 (94,600,000)
	c.	"take a bath"	site:ac.uk	185 件 (13,700,000)
	d.	"have a bath"	site:ac.uk	262 件 (93,600,000)

(Bing 2010/03/07)

(41) を (42) と比べてみるとわかるように,両者の推定件数は似たような結果ですが,Yahoo より実例件数が多く出ることもあるようですので場合によっては参考になるかもしれません。

(43) は Bing (http://www.bing.com/) の検索結果ですが,推定件数がやたらと多く実例件数との差がありすぎるのと,Google と同じく推定件数と実例件数とが相反する数字になることがあるのが欠点です。

以上みてきたように,Google と Bing の検索で出る推定件数は参考にしかならないし,件数として信頼性があるのは実例件数であるといえるのに対し,Yahoo と AlltheWeb では実例件数も推定件数もそれなりに信頼できることがわかります。

第 3 章

英文検索の実際

3.1. Google 検索の活用法 (1)——アステリスク (*) の利用

インターネット上で，手軽に英語検索したいという場合は，Google のほうがサイト内指定の簡単さから便利だといえます。この章では，Google の有効な使い方を具体的に見ていきたいと思います。

すでに日本語の場合のアステリスクの使い方を少し紹介しましたが，英語では語の前後に空間（スペース）があるために，アステリスクの使い方に大きな違いがありますので，このアステリスクの使い方から紹介します。Google 日本のままで検索する際にはドメインに edu もしくは uk を用いるサイト内検索をしたほうが例文に信頼性があります。英米の違いにこだわらないとかサイト内検索は面倒と思う場合，Google アメリカあるいは Google イギリスで検索したくなりますが，2.2 節の (14)，(15) で説明したように，その場合は地域指定ができないので，英語圏以外の地域の例も含んでしまうことになり，注意が必要です。そこで，この本では Google 日本でサイト内検索を主として利用する形で進めていきたいと思います。

(1) a.　I was raised (　　) a farm.（ぼくは農場で育った）
　　b.　"I was raised * a farm"　　site:edu
　　c.　"was raised * a farm"　　site:edu
(2) a.　I was raised **on** a farm in northeastern North Carolina.
　　　　⟨www.cals.ncsu.edu/agcomm/magazine/.../farm.html⟩
　　　　（私はノースカロライナ州北東部の農場で育ちました）
　　b.　I was raised **on** a farm, and knew it was a great way to raise kids.

⟨www.math.umaine.edu/~hiebeler/papers/dailysun/00 mar 6.html⟩

(私は農場で育ったので，子育ては農場でするのがいい方法であるとわかっていました)　　　　　　　　　　　　　　　(2009/8/29)

(1a) で ( ) の場所にくる前置詞が知りたいというときには，ここに何かの語が入るという意味でアスタリスクを入れ，(1b) のようにして検索します。覚えておく必要があるのは，アスタリスクは原則としては一つにつき1語が入るという意味です。ただし，実際には2語が入ることが一般的な場合には，2語入った例が検索される可能性があります。これが Google 検索の特徴で，Yahoo 検索ではアスタリスク一つにつき1語のみになります。また，(1b) ではうまく例文が検索されないときは (1c) のように，主語を入れないで (つまり検索条件をゆるくして) 検索することを考えます。(1b) からは (2a, b) のような例が検索されますから on であることがわかります。

(3) a.　I was raised (　　) London.　(ぼくはロンドンで育った)
　　b.　"I was raised * London"　　site:uk
　　c.　"was raised * Osaka"　　　 site:edu

(4) a.　I was raised **in Kensington**, London; ...
　　　　⟨www.nwn-forum.co.uk›Martin Webster⟩
　　　　(私はロンドンのケンジントンで育ちました)
　　b.　I was raised **in south** London, lived in York for five years, ...
　　　　⟨www.literaturenortheast.co.uk/writers/Mary-Lowe⟩
　　　　(私はロンドン南部で育ち，ヨークで5年間暮らしました)
　　c.　"I was raised **in** London.　Of course I lock my doors."

⟨www.timesonline.co.uk/tol/news/world/us.../article2961454.ece⟩

(「私はロンドンで育ちました。もちろん家の鍵は閉めます」)

(5) The parents split up and the woman was raised **in** Osaka.
⟨migration.ucdavis.edu/MN/more.php?id=1504_0⟩
(両親が離婚したのでその女性は大阪で育てられた)　　(2009/8/29)

(3a) のように場所が farm でなく London であっても，アステリスクの使い方は同じですので (3b) のようにします。その最初の2例が (4a, b) でした。つまり，アステリスクは一つなのに raised と London の間に2語ある例になっていて，(4c) のような単に in だけの例はさらに後のほうにありました。2010年3月10日においても2語のものが最初にいくつかあげられているという事情は同じでした。こういう柔軟性があるのが Google 検索の特徴です。いずれにしても（　）には in が入ることがわかります。(3a) では場所がイギリスのロンドンですから，ドメインはイギリス (uk) にしました。もし，場所が大阪 (Osaka) など英米の土地でない場合は，主語を抜いた (3c) にして検索します。こうすることで例が見つかる可能性が高くなるからです。その結果が (5) でした。それでも例が出てこないときはサイト内検索をやめ，Google 日本のままで「アメリカ合衆国」に地域指定をする，あるいは Osaka を London など英米の大都市に変えて検索して，それを参考に考えるという方法があります。

(6) a.　This camera is (　　) superior to other pocket sized cameras.
　　　　(このカメラはほかの小型カメラよりも＿＿優れている)

b. "this * is * superior to"　　site:edu
　　c. "is * superior to"　　　　　site:edu
(7) a. This edition is **far** superior to other collections.
　　　 〈www.dukeupress.edu/books.php3?isbn=3693-6〉
　　　 (この版はほかの作品集よりはるかに優れている)
　　b. ... this location is **far** superior to our other picnic venues, and we plan to return there next year.
　　　 〈alumweb.mit.edu/.../MIT_Club_of_Rochester_newsletter_winter07-08_20984.pdf〉
　　　 (この場所はほかのピクニックサイトよりもはるかに優れているので来年もそこに行くつもりである)　　　　　(2009/8/29)
(8) a. ... [the additive] method is **by far** superior to the ultrametric procedure in estimating missing cells ...
　　　 〈mbe.library.arizona.edu/data/1996/1306/10land.pdf〉
　　　 (欠けている細胞を推定する際には相加法のほうが超計量的な手段よりはるかに優れている)
　　b. ... a format that **is far** superior to any previous analog or digital videotape format; ...
　　　 〈videopreservation.stanford.edu/trad_mig/〉
　　　 (以前のいかなるアナログもしくはデジタルビデオテープ形式よりもはるかに優れた形式)　　　　　　　　　(2009/8/29)

　(6a) のように，superior の前にくる副詞を調べる場合にもアステリスクをおいて検索します。名詞の camera を残すとそれだけに限定されてしまうので，検索したときに例が出てくる可能性が低くなります。したがって，あえて主語を入れて検索する場合は，名詞を camera に限定しないように，この部分もアステリスクにして (6b) のように2箇所にアステリスクを入れ，to の

目的語も除いて検索します。すると (7a, b) のような例が検索できました。また，これでも検出されないときは，is だけを残し主語は完全に取り除き，(6c) のようにして検索します。すると (8a, b) のような例が検出されます。第1例目の (8a) はアステリスクが一つにもかかわらず2語ある例でした。これも Google だから起こることといえます。

また，日本語にあたる英語が思いつかない場合でも，アステリスクを入れたところにどういう語があるか，実例を見てみることによって，どういう語が適当か考えることができます。

(9) a. "I have the right to refuse (　　) to anyone."
(誰に対しても＿＿を拒否する権利がある)
 b. "have the right to refuse * to anyone"　site:edu
 c. "have the right to refuse * to anyone"　「アメリカ合衆国」
 d. "the right to refuse * to anyone"　site:edu
(10) a. ... staff have the right to refuse **entry** to anyone without a card.
 ⟨www.nd.edu/~ois/Locations/London_UK/.../SupplementtoDuLacFA09.pdf⟩
 (スタッフは誰であってもカードを持っていなければ入場を拒否する権利があります)
 b. Alcohol servers have the right to refuse **service** to anyone.
 ⟨www.ruf.rice.edu/~stact/SOHB/som_alcohol.html⟩
 (アルコールを出す人は誰に対してもサービスを拒否する権利があります)

c. ... the owners have the right to refuse **entry** to anyone they choose.

〈www.ljute-paprichice.com/.../what-are-the-trespassing-laws-for-a-night-club〉

(オーナーは彼らが決めれば誰であっても入場を拒否する権利があります)

(11) a. We reserve the right to refuse **admittance** to anyone purchasing for resale.

〈web.mit.edu/bookstore/www/events/docksale.html〉

(私たちは誰であっても転売用に買う人の入場を拒否する権利をもっています)

b. CalUniversity reserves the right to refuse **admission** to anyone that the University believes does not meet the academic prerequisites.

〈www.caluniversity.edu/.../international-requirements.html〉

(カリフォルニアインターコンチネンタル大学は,必要とされる学力を持たないと考えられる人には入学を拒否する権利を有します)

c. The College of Science reserves the right to refuse **access** to anyone who damages lab equipment.

〈www.sci.csueastbay.edu/.../LabPolicies.shtml〉

(理学部は実験用装置を損傷させる人には装置の利用を禁止します)

d. [All persons attending the games are subject to search.] The university reserves the right to refuse **entry** to anyone.

〈www.news-releases.uiowa.edu/.../082708game_safety.htm〉

(試合を観戦にきたすべての人は所持品検査を受けなければなりません。大学は誰であっても(スタジアムへの)入場を拒否する権利を有します)　　　　　　　　　　　　　　(2010/3/4)

たとえば (9a) なら，主語を省略した (9b)，もしくは動詞も省略した (9d) が考えられます。(9b) からは (10a, b) が見つかり entry が候補になります。例が少なかったので，(9c) のように地域を「アメリカ合衆国」にすると (10c) の entry の例がありました。(9d) からは (11a-d) のような例が見つかり，admittance, access, entry が候補になりますが，動詞がやや硬い語である reserve となっています。なお，(11d) では文脈がよくわからないために，元のページを開きました。すると，[　] の部分が先行していることで意味がよくわかりました。reserve ほどは硬くない語である have との関係を考えると entry を第 1 候補と考えるとよいと思われます。

(12) a. I am very pleased to accept the job (　　).
(喜んで仕事の＿＿を受け入れます)
b. "am pleased to accept the job *" site:edu
c. "am pleased to accept the job" site:edu
d. "(am OR is) * to accept the job" site:edu
e. "to accept the job" site:edu

(13) a. I am pleased to accept the job **offer** for the Planner I position with Sonoma County starting June 1, 2009
⟨www.csuchico.edu/.../Offer%20Acceptance%20Letter.pdf⟩
(私は 2009 年 6 月 1 日からのソノマ郡でのプランナー I 職の仕事の申し出を喜んでお受けします)
b. I am pleased to accept the job **offer** for the Planner I

position with San Bonito County that starts June 2nd at a salary of $3000.00/mo.
⟨https://www.csuchico.edu/.../employltr.html⟩
(私は6月2日から月給3千ドルでサンボニート郡でのプランナーⅠ職の仕事の申し出を喜んでお受けします)　(2009/8/29)

　(12a) のような文末の語を探す場合を考えてみます。Google では (12b) のようにアステリスクを使うことは無意味です (ただし，後述しますが Yahoo では意味があります)。アステリスクは本来語と語の間に，語もしくは語句が抜けているのを示してくれる機能ですので，最後にアステリスクを入れても (12c) とほぼ同じ意味になるだけです。ほぼと言ったのは，多くは同じになりますが，アステリスクを使うと，仕組み上，accept the と job の間という本来求めていない箇所に語句の入った accept the **specific job** opportunity (特別の仕事の機会) とか accept the **Berkeley job** (バークレー大学の仕事) というような例も検出してしまうことがあるからです。したがって，Google では " " で検索する場合の文や語句の最後にはアステリスクを使わないのが原則です。検索条件がきついので (12c) ではほとんど例が出てきません。たまたま (13a, b) の2例がありましたので，offer が正解であるとわかります。もし例が出てこない場合は，am を残して形容詞部分をアステリスクにした (12d) のようにします。動詞は is の可能性もあるので OR 検索にするとなおよいと思います (OR 検索については 3.2 節を参照)。それでも出てこないときは形容詞部分も削除した (12e) のようなものを考えるとさらに候補が見つかりやすくなります。

(14) a. "in a great surprise"　　　site:uk
   b. "he * in a great surprise"　site:uk
(15) a. When he walks into the room he'll be in for a great surprise.
   ⟨www.ivillage.co.uk/.../0,,694166_709961,00.html⟩
   (部屋に入っていったら彼はとてもびっくりするだろう)
   b. I think he **succeeded** in **his aim**.　(A great surprise.)
   ⟨www.guardian.co.uk/commentisfree/.../thefailuresofbritish philos⟩
   (彼は目的を達成したと思う(すごい！))　　　　　(2010/3/9)

　Google 検索では，(12b)と(12c)の違いでも述べましたが，検索語句にアステリスクを利用するには注意が必要です。たとえば，(14a)のようにアステリスクを使わない場合には問題がありません。しかし，(14b)のようにアステリスクを入れると，求めている(15a)のようなものに交じって，(15b)のように in と a great surprise の間にも別の語が入っているものまでヒットしてしまい，求めるものと違うものが検出されてしまうことがあります。検索しようとする例に近い例がほかにないという事実を Google は示しているとも思われます。いずれにしても，アステリスクを使うときは，そういう余計なものも含まれている可能性があることを念頭に置いておく必要があります。

　次に，毎年行われている大学入試センター試験で出題されている問題も Google 検索を使えば簡単にとける場合が多いのです。このやり方はどのような場合にもあてはまるので，英作文をする時にも参考になると思います。

(16)　I am afraid I am not prepared to (　　) the risk of losing all my money.

　　　1 catch　　2 deal　　3 put　　4 take

　　　(あいにくぼくにはお金をすべて失う危険を＿＿＿覚悟がない)

(17) a.　"I am not prepared to * the risk of"　site:edu　　0 件
　　 b.　"I am not prepared to * the risk of"　site:uk　　10 件
　　 c.　"prepared to * the risk of"　　　　　site:edu　115 件
　　 d.　"prepared to * the risk of" − run　　site:edu　 51 件

(18) a.　I am not prepared to **take** the risk of giving you bail of any kind.

　　　　〈www.newsandstar.co.uk/.../cumbrian-school-teacher-admits-having-sex-with-pupil-1.678362?〉

　　　　(私は危険を冒してまで君にいかなる種類の保釈も与えるつもりはない)

　　 b.　'I am not prepared to **run** the risk of passing this on, and my wife has the same view'.

　　　　〈www.bionews.org.uk/page_13182.asp〉

　　　　(私はこの経験を(子供たちに)引き継ぐ危険を冒すつもりはないし,妻も同じ意見です)　　　　　　　　(2010/3/9)

(16)のような問題では,(　)の部分をアスタリスクにするのですが,構文として最低限必要である以外の部分をできるだけ使わないようにします。というのは,前後の脈絡が増えれば増えるほど偶然的要素が強くなり,検出される件数が少なく(場合によってはゼロに)なるからです。ちなみに(17a)では0件でしたが,(17b)では実例10件(約1,520,000件)でした。さらに(17c)のように主語と動詞をとって検索すれば,実例が115件(約

18,700,000 件) もありました。すると (18a) のような take をとる例がいくつか見つかりますので，take でよいことがわかります。しかし，(18b) のような run の例もいくつかありました。take の例がほとんど出てこず run の例ばかりが最初に出てくるような場合にも解決策があります。こういう場合は (17d) のような「その語句が文中にあれば検索しない」というマイナス検索 (ハイフンを使う) を用います。これで run the risk of の型は排除されるので take の例を見つけやすくなります。

(19) After the car hit the boy, he (　　) unconscious for two days.

1 remained　　2 remembered　　3 removed　　4 rescued

(車にはねられて，少年は2日間意識不明＿＿＿)

(20) a. "he * unconscious for two days"　site:edu　　2 件
  b. "he * unconscious for * days"　　site:edu　20 件 (74,400)
  c. "he * unconscious for"　　　　　site:edu　86 件 (15,000)

(21) Although he maintained vital signs, he **remained** unconscious for 2 days,

⟨faculty.une.edu/com/fwillard/.../CaseWorkbook.htm⟩

(脈拍などの生命兆候はまだあったが2日間は意識不明のままだった)　　　　　　　　　　　　　　　　　　　　(2010/3/9)

(22) a. 構文上，最低限必要な要素である語のみを残して簡潔な形にする。

  b. 数字などの変動する要素はアステリスクにして検索条件はゆるやかにする。

  c. 固有名詞や普通名詞はできれば主格代名詞や目的格代名詞などの代名詞に置き換える。

次に，(19) のような例を考えてみます。この場合，できればfor まで含めたいので，(20a) のようなものを考えてしまうかもしれませんが，two のところの数字は違っていても問題ない要素です。そこで，(20b) のように，この two もアステリスクにします。実際 (20a) の 2 件に remained の例はありませんでした。さらには，(20c) のように two days を除いて for までにすると，そこに期間を示すものがくるという意味合いは残り，days でなく weeks などほかの期間の例も検索でき，検索結果が多くなるということを知っておくとよいでしょう。また，この場合は主語の he を除いてしまうと，アステリスクの部分に動詞が入るという構文指定の要素がなくなってしまうので he を除くことはできません。また，主語に固有名詞や普通名詞がきているような場合はより一般的な代名詞にかえて検索結果が出やすくすることが考えられます (3.4 節の (74a, b) 参照)。(20b) からは (21) などの例が見つかりました。このようにアステリスクを使った検索では，(22) のようなことを心がけるのが大事です。

　最後に，アステリスクは原則一つにつき 1 語が割り当てられますが，実際はどうなのかを検討してみます。

　たとえば，(20c) にあるアステリスクを二つに変えた (23) にして検索してみます。

(23)　"he * * unconscious for"　site:edu
(24) a.　Accounts of the day said he **had been** unconscious for five days.
　　　〈www.temple.edu/tempress/chapters_1400/1632_ch1.pdf〉
　　　（当時の報道によると彼は 5 日間意識不明だった）
　　b.　Beck was with her but he **too was severely beaten and**

remained unconscious for several days after the incident.

⟨www.missouristate.edu›Modern and Classical Languages⟩
(ベックが彼女といっしょにいたのだが,彼もまたひどく殴られていて,事件の後,数日間は意識不明のままだった)

(2010/3/9)

すると,間に2語入る候補の頻度が高ければその例が優先して検索されることになりますので,1例目は確かに (24a) のように間に2語入る例でした。しかし,1語の候補も頻度がそれなりに高ければ高い順位で検索されることもあるので,2例目は (20b) の検索結果と同じ (21) で,1語しかない例でした。3例目は逆に (24b) のように間に6語も入る例でした。

(25) "he went * garden" site:edu
(26) a. Quickly he went **into a** garden.
⟨www.columbia.edu/itc/mealac/pritchett/.../59_479_487.html⟩
(すぐに彼は庭に入っていった)

  b. He went **through Covent** Garden to Oxford Street, ...
⟨cather.unl.edu/0001.html⟩
(彼はコベントガーデンを通ってオックスフォードストリートに行った)   (2010/3/9)

(25) のように,本来二つ入れたいところに,一つだけアスタリスクを入れた場合にはどうなるかも調べてみます。(25) ではwent は自動詞ですし,garden は数えられる名詞ですので,アステリスクが一つでも,前置詞と冠詞(もしくは固有名詞など)が入る必要があるため,1語の例がなく,最初から2語のものが検

索されると予想されるからです。(26a, b) でもわかるように予想どおり最初から 2 語の例が並びました。Google 検索ではこうした特性を念頭においてアステリスクの数を入れる必要があります。

3.2. Google 検索の活用法 (2)——OR 検索の利用

アステリスクを使った検索が，いつもうまくいくとは限りません。

(27) Hi! It's me. I'm sorry I'm late. I'm running (　　) the direction of the ticket gate. I'll be with you in a minute.

　　1 in　　2 of　　3 to　　4 within

　　(ぼくだよ。遅れてすまない。改札口のほう_に_走っているところ。もうすぐそちらに行くからね)

(28) "running * the direction of the" site:uk　281 (29,400,000)

(29) a. "running (in OR of OR to OR within) the direction of the" site:uk

　　b. "running in|of|to|within the direction of the" site:uk

　　c. "I m running (in OR of OR to OR within) the direction of" site:uk　　　　　　　　　　　　(2010/3/9)

(27) では，たとえば (28) が考えられますが，down, across, in, under, along など多様な例があり，四つの中では in があるにはあるが，これでよいのか確信がもてません。こうした場合，選択肢は 1 語のものですので，日本語でも説明した OR 検索を用い

ます。ただし，日本語の場合と違って英語では（　）でくくる必要があります。つまり，(A OR B)という形式を用いて「AもしくはBどちらか1語を選択せよ」という形にします。それが(29a)で，四つの語からの選択になっています。GoogleではORを使わない方法もあります。running in|of|to|within the direction of the のように入れる方法です。「|」(パイプと呼ばれます)がORの意味になります。(29b)でもわかるように，|(パイプ)を使う場合は（　）でくくらないようにします。なお，（　）などすべて半角で入れるように注意が必要です。こうすると最初のページから10件全部がinの例であることから，inが正解であることがわかります。(29c)のように主語と動詞をつけて検索してもいいのですが，0件でした。できるだけ検索条件はゆるくするのがコツです（なお，I'mはI mとして検索します）。

(30) I've heard that in the U.S. smoking is (　) in public places such as restaurants or cafés. Is that true?
1 banned　　2 expired　　3 valid　　4 withdrawn
(アメリカでは喫煙はレストランやカフェのような公共の場所では＿＿と聞いています)

(31) a. "smoking is * in public places"　site:uk
　　 b. "smoking is (banned OR expired OR valid OR withdrawn) in * places"　site:edu
　　 c. "smoking is (banned OR expired OR valid OR withdrawn) in public places"　(site:edu OR site:uk)

(32) a. <u>Smoking is **prohibited** in public places</u> like railway stations, airports, museums and art galleries, except for designated smoking areas.

(喫煙は，指定された喫煙場所を除いて，鉄道の駅，空港，博物館や美術館などの公共の場所では禁じられています)

b. P2 = "smoking is **forbidden** in public places"
〈www.cs.cornell.edu/Info/People/jgm/pldi03/pldi03.ppt〉
(P2 は喫煙は公共の場所では禁止されているという意味です)

(30) でも，アステリスクを使った (31a) では，(32a, b) でわかるように prohibited, forbidden, not allowed などがあって，banned もあるにはありますが迷うところです。こうした場合でも (31b) を使うと banned のみの例が見つかり，正解とわかります。あるいは，(31c) のようにサイト内検索も OR でくくると，edu と uk の両方のドメインを一度に検索できます。

(16) I am afraid I am not prepared to (　　) the risk of losing all my money.
1 catch　　2 deal　　3 put　　4 take
(あいにくぼくにはお金をすべて失う危険を＿＿覚悟がない)

(19) After the car hit the boy, he (　　) unconscious for two days.
1 remained　　2 remembered　　3 removed　　4 rescued
(車にはねられて，少年は2日間意識不明＿＿)

(33) a. "prepared to (catch OR deal OR put OR take) the risk of" site:edu
b. "he (remained OR remembered OR removed OR rescued) unconscious" site:edu

3.1 節で扱った (16)，(19) の場合もそれぞれ (33a, b) のようにすれば，答えとなる例がすぐに見つかります。

OR 検索を利用する場合，注意したいのは，選択できるのは 1 語だけの組み合わせであるということです。

(34) I don't think we can come up with a solution to the problem, however long we spend (　　) it.
1 discussing　　2 talking　　3 to discuss　　4 to talk
(どんなに長く議論をしてもその問題の解決策は見つからないと思う)

(35) a. "spend (discussing OR talking OR to discuss OR to talk) it"　site:edu
b. "spend to (discuss OR talk) it"　site:uk
c. "spend (discussing OR talking) it"　site:uk

(36) With this in mind you might wish to limit the time you spend **discussing** it at this stage.
〈www.ideaslab.bham.ac.uk/academics.htm〉
(このことを考慮するとこの段階ではそのことを議論するのに費やす時間は制限したいと思うでしょう)　　　　　(2010/3/9)

(34) のような問題を考えるとき (35a) として検索してみたくなりますが，結果は「一致する情報は見つかりませんでした」と表示されます。これは検索条件に反するもの，つまり選択肢の中に 2 語のものがあることが原因であり，件数がゼロということではないのです。

こうした場合に OR 検索を用いて考える場合には，1 語ずつの選択を 2 回行う形をとります。つまり，(35b) と (35c) に分けて検索します。すると，不定詞の例二つのうち一方を検索する (35b) では「一致する情報は見つかりませんでした」となりますが，これは 1 語のみという検索条件が合っていますので，件数

ゼロを意味し，この両方共が正解でないことになります。(35c) からは (36) のような例が見つかりますので，答えは discussing であることがわかります。

　次に，日本人にはとても厄介な形容詞について見てみましょう。たとえば，Swan (2005: 89) では具象名詞には big もしくは large が用いられるが，抽象名詞には great が普通であると述べています。big はくだけた文体では数えられる抽象名詞に用いられ，large は量や割合を示す数えられる抽象名詞に用いられるなどとして (37a-d) のような例をあげています。

(37) a. I have **great respect** for her ideas. (NOT big/large respect)
    (私は彼女の考えにはとても敬意を抱いている)
　b. His behaviour caused **great annoyance**. (NOT big/large annoyance)
    (彼の振る舞いにはとてもいらいらさせられた)
　c. You're making a **big mistake**.
    (あなたは大きな誤りを犯しています)
　d. There was a **large error** in the accounts.
    (その勘定書［報告書］には大きな誤りがあった)
                                        (Swan (2005))

そうした文法書がなくても，あるいは文法書に求める用例がなくても，Google などのネット検索を使えば，OR 検索によってどの語が適当か簡単にわかります。

(38) a. "(large OR big OR great) respect for her"　　site:edu
　b. "(large OR big OR great) respect for * ideas"　site:uk

(39) a. I have **great** respect for her judgment.
⟨www2.winthrop.edu/.../No%20Longer%20Hip%20and%20Trendy.ppt⟩
(私は彼女の判断には大いに敬意をはらっています)

b. There is no doubt that educated Egyptians, among them judges, have **great** respect for western ideas.
⟨www.guardian.co.uk/commentisfree/2006/may/.../comment.egypt⟩
(裁判官をはじめとする教養あるエジプト人は西洋の考えに大いに敬意を払っていることは明らかです)

(40) "caused (large OR big OR great) annoyance" site:edu

(41) In infested areas around the Houston area, large numbers of Rasberry crazy ants have caused **great** annoyance to residents and businesses.
⟨urbanentomology.tamu.edu/.../exotic_tx.cfm⟩
(ヒューストン地区の生息地域では大量のクレイジーラズベリーアントが住民や商店を大いに悩ませています)　　　　(2010/3/9)

つまり，respect の前に三つの形容詞を並べて OR 検索させれば簡単です。その結果，for のあとを her にした (38a) では 89 例あり，for のあとに ideas を入れた (38b) では 4 例ありましたが，すべての例が great の例でしたので，great でよいことがわかります。(39a, b) がその例です。(40) でも 15 例すべてが great の例であり，(41) がその 1 例です。

(42) "making a (large OR big OR great) mistake" site:edu

(43) a. ... there is an undertone of concern that the world's major central banks are making a **big** mistake.

⟨blogsandwikis.bentley.edu/themoneyillusion/?p=2872⟩
  b. I think they are making a **big** mistake in doing so.
     ⟨math.vanderbilt.edu/~schectex/commerrs/⟩
(44) "there was a (large OR big OR great) error in"
   (site:edu OR site:uk)
(45) a. There was a **big** error in the topology I put up yesterday.
     ⟨mellowd.co.uk/ccie/⟩
     (昨日私が提案したトポロジーには大きな誤りがあった)
  b. But there was a **large** error in the value of the coefficient …
     ⟨teacherlink.ed.usu.edu/tlnasa/units/LearningtoFly/07.pdf⟩
     (しかし係数の値に大きな誤りがあった)　　　　(2010/3/9)

では，(42) の mistake の場合ではどうでしょうか。この場合も最初の 20 例のうち 19 例が (43a, b) に見られるような big の例で，1 例だけが great でした。つまり，big でよいことがわかります。(44) の error の場合でも (45a) のように big の例も一つありましたが，8 例のうち 6 例が (45b) のように large を使った例で，残り 1 例が great であったことから，この error の場合の適切な形容詞として large を簡単に選ぶことができます。

このように文法書や辞書で調べなくても，適切な形容詞を簡単に見つけられるのが Google 検索の便利なところです。

3.3. Google 検索の活用法 (3)——件数比較

3.2 節では，OR を使った比較をしましたが，もう一つの方法

としては，（　）のところに実際に語句を入れて，どれくらいの実例件数があるのかを見比べてみるという方法があります。

(37) a.　I have **great respect** for her ideas.　(NOT big/large respect)

（私は彼女の考えにはとても敬意を抱いています）

　　 c.　You're making a **big mistake**.

（あなたは大きな誤りを犯しています）　　　(Swan (2005))

(37a) に関して，OR 検索を用いた (38a, b) の検索結果は respect に対しては great のみという結果でしたが，その他の表現でもいいのかどうかわかりません。しかし，件数比較すると，ほかの表現がほとんど全く使われないのか，場合によっては使われることもあるのかがわかります。

(46)　　　　　　　　　　　　　　site:edu　　　　　　site:uk
　　 a.　"great respect for"　　　846 件 (93,300)　　673 件 (134,000)
　　 b.　"big respect for"　　　　 21 件 (81)　　　　143 件 (4,480)
　　 c.　"large respect for"　　　 36 件 (167)　　　 29 件 (483)
(47)　　　　　　　　　　　　　　site:edu　　　　　　site:uk
　　 a.　"great respect for her"　　86 件 (313,000)　 88 件 (19,300)
　　 b.　"big respect for her"　　　0 件　　　　　　6 件
　　 c.　"large respect for her"　　0 件　　　　　　2 件
(48)　　　　　　　　　　　　　　site:edu　　　　　　site:uk
　　 a.　"a big mistake"　　　　　845 件 (67,200)　　628 件 (366,000)
　　 b.　"a great mistake"　　　　659 件 (36,300)　　489 件 (313,000)

(2010/3/10)

(46a-c), (47a-c) を見ると，(37a) で示されているようにやはり

respect に対しては，great を使うのが適切であるということがはっきりします。ところが，(37c) に関する (48a, b) を見てみますと，a big mistake と a great mistake では a big mistake のほうが一般的ではあるにせよ，特にアメリカ英語ではイギリス英語ほどの差はなく a great mistake もかなり使われており，誤りとはいえないということが件数比較をすればはっきりとわかります。

このことと関連して，小西 (1970: 209) では，*ACD* という英英辞典を見てみると，「big と great は酷似しているが，一方は a *big* mistake, a *big* surprise と言えるのに対し，他方は *great* mistake, *great* surprise と，不定冠詞との結合を拒否する」と説明しています。こうした場合も，(49) のように件数比較すれば big と great の違いがわかるのではと思いがちです。

(49)　　　　　　　　　　　　　site:edu　　　　site:uk
 a. "a big mistake"　　　　845 件 (67,200)　628 件 (366,000)
 b. "a great mistake"　　　659 件 (36,300)　489 件 (313,000)
 c. "big mistake"　　　　　856 件 (11,900)　555 件 (81,300)
 d. "great mistake"　　　　706 件 (5,580)　　483 件 (33,500)

(50) a.　Sending more troops to Iraq is a **big** mistake, panelists say.
　　　　⟨cisac.stanford.edu/.../sending_more_troops_to_iraq_is_a_**big_mistake**_cisac_panelists_say_20070125/⟩
　　　　（イラクへの兵を増派するのは大きな誤りであるとパネリストが発言）
 b.　I made a **big** mistake.
　　　　⟨sel.me.wisc.edu/trnsys/mailinglist/archive2003/msg00489.ht

ml〉
　　　（私は大きな過ちを犯した）　　　　　　　　(2010/3/10)

しかし，この検索結果には問題があります。(49c) の big mistake といっても，site:edu で検索した最初の 20 例のうち 8 例は a big mistake の例で (50a, b) のような例も含んでいました。ほかにも the のある例が 2 例，所有格のある例が 3 例ありました。つまり，冠詞（a, the）および所有格のある例も great mistake の部分を含んでいて，その分も交じった件数になっています。すなわち，(49c) の件数は純粋に big mistake の例だけではないことになります。したがって，最初の 10 例とか 20 例だけでも実例を見てきちんと求める例になっているかを見てみる必要があります。

(51)　　　　　　　　　　　　　　　site:edu　　　　site:uk
a. "(is OR was) a big mistake"　　698 件(55,100)　605 件(20,600)
b. "(is OR was) big mistake"　　　 10 件　　　　　 36 件(52,700)
c. "make|makes|made a big　　　 511 件(13,000)　542 件(1,500,000)
　 mistake"
d. "make|makes|made big　　　　 10 件　　　　　 33 件(16,500)
　 mistake"

(52)　　　　　　　　　　　　　　　site:edu　　　　site:uk
a. "(is OR was) a great mistake"　 327 件(32,500)　271 件(38,400)
b. "(is OR was) great mistake"　　 3 件　　　　　　3 件
c. "make|makes|made a great　　 161 件(70,000)　127 件(64,200)
　 mistake"
d. "make|makes|made great　　　 1 件　　　　　　2 件
　 mistake"

こうした場合，そうした余計な例が交じらないような工夫をして検索する必要があります。たとえば，すぐ前に動詞がある形で検索をすれば，不定冠詞が出現するかしないかをはっきりさせることができます。この場合も実例を見て，前にくる可能性のある動詞を調べてから，具体的な動詞を入れます。(50a) の例では is が，(50b) の例では make があります。そこで be 動詞に関連する語で，主語は単数でよいと考えて，(51a-d), (52a-d) のようにします。この検索結果から，現在では big と great のどちらの場合も不定冠詞がつくのは普通であるということがわかります（パイプ (|) 検索については 3.2 節の (28), (29) を参照）。

また，(48a, b) の件数比較でも示唆しましたが，make a big mistake と make a great mistake では 3 倍の差があるので，big のほうが適切といえますが，be a big mistake と be a great mistake では 2 倍くらいなので，great でも必ずしも間違いとはいえないことがわかります。

さらに，冠詞の問題を調べてみましょう。たとえば，名詞 action を使うときに冠詞がいるかどうかは，詳しく辞書を見れば U（数えられない名詞）と書いてあり，それほど迷うことはないのですが，それでも場合によっては U も C（数えられる名詞）もあったりして，迷うことがよくあります。こうした場合も Google 検索で件数を比較すればわかります。

(53) | | site:edu | site:uk |
|---|---|---|
| a. "urgent action was" | 60 件 (1,350) | 595 件 (50,200) |
| b. "an urgent action was" | 2 件 | 13 件 (17,100) |
| c. "said urgent action was" | 9 件 | 58 件 (15,400) |

d. "said an urgent action was"　0件　　　　　0件

(2010/3/10)

　(53a) と (53b) を比べてみると明らかに件数が違いますから，無冠詞ということがわかります。(50a, b) の場合のように不定冠詞のある例も含むという問題があると懸念する場合は，(53c, d) のように，said を前において (an) urgernt action が文頭にくるように工夫します。すると，件数からしてもはっきり無冠詞であると判断できます。また，in (a) great surprise の場合のように，前に前置詞を置いて冠詞の有無を判断することもあります (4.3 節 (26)，(27) 参照)。

　次に，3.2 節で OR 検索をした例 (34) を，件数で考えてみます。

(34)　I don't think we can come up with a solution to the problem, however long we spend (　　) it.
　　　1 discussing　　2 talking　　3 to discuss　　4 to talk
　　　(どんなに長く議論をしてもその問題の解決策は見つからないと思う)

(54) a.　"spend discussing it"　　site:uk　　11件 (82)
　　 b.　"spend talking it"　　　site:uk　　2件
　　 c.　"spend to discuss it"　 site:uk　　0件
　　 d.　"spend to talk it"　　　site:uk　　0件

(55) a.　How much time did you **spend talking it** through and planning?
　　　　⟨fundraising-resource.co.uk/guidestall.html⟩
　　　　(どれだけの時間，そのことを徹底的に議論し，計画するのに使いましたか)

b. [Also Excess] TV watching may reduce time families **spend talking. It** is recommended that children under two years old have very restricted/no screen time …

⟨www.freeview.co.uk/freeview/.../Freeview%20Viewtrition%20Report.pdf⟩

(また過度のテレビ視聴は家族同士が話せる時間を減らすことになるでしょう。2歳未満の子供にはごく限られた時間しか(もしくは全く)テレビを見せないことをお薦めします)

(2010/3/10)

(34)の場合も,件数をみると(54a)の例が一番多いことから,discussingが正解であることがわかります。なお,(54b)ではtalking itの例が2例みられますが,(55a)ではtalk ... through(議論をし尽くす)という他動詞句の例であり,throughが後続しているから可能な例ですし,(55b)は一旦talkingの後でピリオドがあり,Itは後に続く文の主語であることがわかり,これら2例は求めている例ではないことがわかります。

(56) The soccer game was shown on a big screen in front of ( ) audience.

    1 a large   2 a lot of   3 many   4 much

    (サッカーの試合は<u>大勢の</u>観衆の前にある大画面に映し出された)

(57) "in front of * audience"

(58)

	site:edu	サイト内検索なし
a. "in front of a large audience"	197 (113,000)	844 (8,090,000)
b. "in front of a lot of audience"	0	11 (29,000,000)
c. "in front of many audience"	0	46 (42,500)
d. "in front of much audience"	0	4

(2010/3/10)

　こうした事情は例 (56) でも同じです。(57) のようにアステリスク (*) を用いた検索をしても，アステリスクの箇所には，live, an, a live, large などの語句がきて，答えがはっきりしません。また，2語と3語の語句が交じっているので，OR 検索も使えません。したがって，この場合にも，(58a-d) のようにそれぞれ具体的に語句を入れて件数を数えます。そうすると，求める答えは a large (audience) であることがわかります。(58a-d) のサイト内検索をしない場合を見ると，間違いであるはずの a lot of (audience) の推定件数のほうが a large (audience) より件数が多いという結果になりました。サイト内検索では，a large (audience) 以外の例は 0 件で，答えがはっきりすることがわかります。

　しかし，サイト内検索にも弱点があります。

(59)　I was talked (　　) buying a big car by my sister.
　　　1 about　　2 away from　　3 out of　　4 to
　　　(僕はお姉さんに大きな車を買う___ように言われた)

(60)　　　　　　　　　　　　　　　　　　site:edu　site:uk
　a.　"I was talked about buying"　　　0 件　　0 件
　b.　"I was talked away from buying"　0 件　　0 件
　c.　"I was talked out of buying"　　　0 件　　27 件 (5,090)
　d.　"I was talked to buying"　　　　　0 件　　0 件

(2010/3/10)

例 (59) を (60a-d) のように edu のドメインを使ったサイト内検索をした場合，どれも例が 0 件でした。ドメインを uk にする

と見つかりました。edu はアメリカの大学関係者だけですので，話題によっては限定的になるためだと思われます。こういう場合には地域指定を「アメリカ合衆国」として検索する方法もあります。もちろん，Google アメリカ（またはイギリス）でも件数が多く出ますが，地域指定ができないので英語圏以外の例を含んでしまうことに注意が必要です。

(61)
a. "I was talked * buying"　　　　　site:uk　27 件 (5,090)
b. "I was talked * buying" −into　　site:uk　1 件
c. "I was talked * * buying" −into　site:uk　3 件 (Google 日本)
d. "I was talked * buying" −into　　　　　　33 件 (110,000)

(Google アメリカ)

(62)　I was talked **out of** buy**ing** one and regretted it ever since.
〈www.lexusownersclub.co.uk/forum/index.php?showtopic...〉
（説得されて車を買うことを思いとどまらされたが，以来ずっとそのことを後悔した）　　　　　　　　　　　　　　　(2010/3/10)

また，(59) の答えを求める別の方法としては，アステリスクを使ってどういう例があるか調べるという方法があります。ところが，(61a) のようにすると例がたくさん出てきますが，into の例がほとんどで out of は 1 例だけでした。こういう場合には into を除く手段としてマイナス検索がありますが，(61b) では in to の例が 1 件あるだけでした。(61c) のようにアステリスクを二つにすると，out of の例が 3 件のうち 2 件あり，(62) がその 1 例です。これに対して，(61d) の Google アメリカのサイトでは例が十分あるせいか，アステリスク一つであっても，たくさ

んの out of の例が検出されました。他のやり方で例が十分出ない場合には，ヒントを得る一つの手段にはなるかもしれません。

(63) I (　) go to the seaside this summer.   I've had enough of the mountains.

 1 rather 2 would rather 3 prefer 4 would prefer

 (私は今年の夏は海がいいわ。山はもうたくさん)

(64) a. "I (rather OR prefer) go to the"　site:edu 21 件 (1,220)
 b. "I would (rather OR prefer) go to the"　site:edu

         110 件 (12,700)　(2010/3/10)

 (63) では一つ一つ件数を検索する方法もありますが，OR 検索を用いて 2 回でやるという方法があります。しかし，実は I rather という言い方もルーズな言い方ではそれなりにあるので，その例が 21 件ありました。しかし，would rather の例が出る (64b) のほうがはるかに多い件数ですので，こちらが出題者の求めている答えであるとわかります。

 マーク・ピーターセン『日本人の英語』(1988: 44-45) では，アメリカ英語では，どこにでもあることから freezer (冷凍庫) の場合，microwave (電子レンジ) と違って所有格の her などでなく定冠詞 the になると述べています。Google 検索を用いると今ではこうしたことも件数比較ですぐにわかります。

(65)　「アメリカ合衆国」で指定

 a. "put * in the freezer to cool"   35 件 (188,000)
 b. "put * in my|your|his|her|our|their freezer to cool"

               3 件

  = "put it in (my OR your OR his OR her OR our OR

their) freezer to cool"

「イギリス」で指定

c. "put * in the freezer to cool"　　　　　21 件 (57,100)

d. "put * in my|your|his|her|our|their freezer to cool"

　　　　　　　　　　　　　　　　　　　　　　0 件

　="put * in (my OR your OR his OR her OR our OR their) freezer to cool"

(66)　「アメリカ合衆国」で指定

a. "put * in the microwave to heat|dry"　442 件 (73,500)

b. "put * in my|your|his|her|our|their microwave to heat|dry"　　　　　　　　　　　　　　　21 件 (57,100)

「イギリス」で指定

c. "put * in the microwave to heat|dry"　　36 件 (3,420)

d. "put it in my|your|his|her|our|their microwave to heat|dry"　　　　　　　　　　　　　　　0 件

(2010/3/10)

サイト内検索では十分な件数が出なかったので，Google 日本の地域指定で検索してみました。(65a-d) をみると，確かに the の使用が一般的であることが確認されます。では microwave の場合はどうでしょうか。すると，20 年の時を経た現代では microwave も普通になっていることを反映して，(66a-d) でわかるように the が普通になっていることがわかります。なお，microwave は温めるものなので，動詞 cool を dry とか heat に変更して検索する必要があります。どのような動詞が適当かを知るには実際に動詞部分を除いて検索します。そして，見つかった例の中から適切な動詞を選んで入れるとよいと思われます。

3.4. Google 検索の活用法（4）——英作文での利用

まず，英文などを書いていて，自分の書いた英語が正しいのか知りたいときに，Google 検索の意味があります。

(67) a. "I want a girlfriend"　　　　　　site:edu　　35 件 (123)
　　 b. "I want an girlfriend."　　　　　　site:edu　　0 件
　　 c. "I want a girl friend."　　　　　　site:edu　　1 件
　　 d. もしかして *"I want a girlfriend" site:edu*
(68) a. "I want buy a book"　　サイト内検索なし　　19 件 (110,000)
　　　（本を買いたい）
　　 b. "I want buy a book"　　site:edu　　　　　　0
　　 c. "I want to buy a book." site:edu　　24 件 (1,720)
　　　　　　　　　　　　　　　　　　　　　　　　(2010/3/10)

それは (67a) のような簡単な英語でもかまいません。たとえば，(67b) のように不定冠詞を間違えたとすると，「一致する情報は見つかりませんでした」と表示されるので間違いであるとわかります。また，(67c) のように girl friend と綴った場合は 1 件しかなく，(67d) のように girlfriend ではないかと示唆してくれるので便利です。しかし，サイト内検索など英語圏での検索をする姿勢が必要です。(68a) と to を入れ忘れた場合でも推定件数は 11 万件と出ますので，正しいと勘違いしてしまうからです。サイト内検索をすれば「一致する情報は見つかりませんでした」と表示されるので間違いであるとわかります。

(69) a.　　"They were surprised that he was very brave."
　　　　　site:edu　　0 件

(彼がとても勇敢であることに彼らは驚いた)

b. They were surprised that he was only 13 and had requested the Book of Mormon.
〈speeches.byu.edu/reader/reader.php?id=11678〉
(彼がたった13歳なのにモルモン書がほしいと言ってきたので彼らは驚きました)

c. "They were surprised that * was"　　site:edu　96件 (109)

d. "he was very brave"　　　　　　　　site:edu　35件 (7,680)
(2010/3/10)

ただ, サイト内検索をして, それなりの件数があれば, 適切な英語であると推測できますが, 少し複雑な文の場合は0件だからといって, その文が必ずしも間違いとは限りません。たとえば, (69a) の場合, 検索してみたところ件数が0件でした。この場合ネット上にたまたまあったのは (69b) のような he was only 13 が続く例であって, very brave という例でなかっただけだからです。こうした場合は, (69c) と (69d) にわけて検索するのが正解です。つまり, (69c) は be 動詞 + surprised が that 節を後続でき, その that 節内に was のような形が後続できるかというのを調べ, (69d) は very brave が he was の後にくることのできる形容詞であるかを調べることになります。3.1節の (22c) ですでに述べましたが, 主語が固有名詞など特殊な場合は, 主語の部分は代名詞に置き換えて検索するか, 主語を除き動詞だけを残して検索するということを考えます。

また, 求める箇所にどういう英語を使ったらいいかわからないときがあります。こういうときも, アステリスクを用いて, 実際にどういう文が見つかるかを確かめると, ヒントがあります。

(70) a. "I have a * friend of mine."　site:edu
　　b. good（仲のいい），very good, close（親密な）
(71) a. "investigated the * of building"　site:edu
　　　（を建設する＿＿＿を調査した）
　　b. possibility（可能性），feasibility（実行可能性），effectiveness（有効性），problem（問題），advantages（長所）

(2010/3/10)

　(70a) ではそこに入る形容詞には (70b) のようなものが，(71a) では (71b) のような名詞が使われていることがわかります。したがって，適当な語を思いつかない場合は実際に使われている英文の中から目的に合うものを選んでいけばよいと思われます。あるいは，(71a) の構文で問題の箇所に feasibility（実行可能性）を思いついたものの，もっとやさしく言い換えたいという場合に，言い換え表現を探すのに有効です。

(72) a. "investigated the * of the * effect"　site:uk
　　　（＿＿＿効果の＿＿＿を調査した）
　　b. mechanisms（メカニズム），importance（重要性），influence（影響），behavior（ふるまい），role（役割），longevity（寿命），nature（性質）

　(71a) と同じ構文でも，(72a) のように of の後にくるものが違う場合は (72b) のような名詞が使われていることが Google 検索をするとわかります。したがって，こうした中から適当なものを探せばいいわけです。こうした連語関係（コロケーション）は英和辞典などを見てもスペースの関係であまり書かれていませんが，Google 検索をうまく使えば見つけられることが多いので

す。また注意したいのは，(72a) の二つ目のアスタリスクの箇所には特定の語をそのまま入れておいてもいいのですが，検索条件がきつすぎて見つからないことがあります。こういう場合には，検索条件をゆるくするためにアスタリスクにし，候補を見つけやすくします。

(73) a. "I want to * the factors"　site:uk
   (僕はそれらの要因を＿＿＿したい)
   b. understand, know more about, highlight (目立たせる), identify (特定する), find and identify, explore (探求する), investigate (調査する)

factor を目的語にとる (連語する) 動詞を求める場合でも，辞書に例文はほとんどありません。こういう場合こそ，(73a) のようにして動詞の部分をアスタリスクにして例文を探します。サイト内検索も忘れないようにします。すると (73b) のような動詞の例が見つかります。こうして見つかった動詞を参考にして英文を書くことができます。

(74) a. "students * behaviors"　　　site:edu　820 件 (4,470,000)
   b. "he * behaviors"　　　　　　site:edu　429 件 (4,590,000)
   c. "behaviors * by students"　site:edu　231 件 (747,000)
(75) a. Students with Challenging Behaviors
   〈www.medicine.uiowa.edu/cdd/multiple/.../behavconsult.asp〉
   (行動障害のある学生)
   b. College students' attitudes, behaviors, and experiences
   〈psych.edgewood.edu/Psychology%20Department%20Undergraduate%20Student%20Research%〉
   (大学生の態度，振る舞い，経験)　　　　　　　　(2010/3/11)

(76) a. exhibit, demonstrate, display, study, identify
   b. Does **he/she exhibit behaviors** that may be indicative of anxiety?
      〈centerforchildwelfare.fmhi.usf.edu/.../Child%20on%20Child%20Job%20Aid.pdf〉
      (その人は不安を示すようなしぐさをしますか)　　(2010/3/11)
   c. exhibit, demonstrate, display, use

　また,「学生が＿＿な振る舞い(行動)をする」という文を書きたいときに,振る舞い(行動)を behaviors という語を用いるとして,「する」はどういう動詞がよいかと思って英和辞典を引いてみても,動詞が書かれていないことがよくあります。単に連語する動詞を見つけたいというわけですから,(74a)でもいいのですが,検出された最初の2例である(75a, b)を見てもわかるように,students は主格とは限らないので,アステリスクの箇所に動詞がくるとは限らず,動詞でない例がたくさん出てきます。したがって,3.1節の(22c)で提案した検索のやり方に従って,(74b)のように主語はできるだけ主格代名詞の I とか he にしておいて,サイト内検索すると(76a)のような動詞が見つかります。(76b)が一番多いと思われた exhibit の例の一つです。また,students を使う場合は受身にして(74c)のようにした場合には,最初の例から(76c)のような動詞を使った例が見られ便利でした。時にはこういう工夫もいることがわかります。

　形容詞の surprised の前にどういう副詞をつけるべきかと考える時にも Google 検索が役に立ちます。

(77) a.　"was * surprised"　site:edu

b. I *was pleasantly surprised* when I started it, and found myself enjoying it more and more as I read on.
   ⟨muse.jhu.edu/journals/comparative.../5.2-3.bassnett.html⟩
   (最初読み始めたときからうれしい驚きがありましたが,読んでいくとますます楽しめました)
c. I *was quite surprised* how poorly I did on the math test!
   ⟨home.ubalt.edu/ntsbarsh/business-stat/RAlgebraStat.doc⟩
   (数学の試験でいかに自分がだめだったかを知ってとても驚いた) (2010/3/11)

(77a) で検索した結果が (77b, c) です。サイト内検索とアスタリスクを用いて検索すると pleasantly surprised (うれしい驚きである) が英米ともに最初のほうにいくつか出てくることからも,意外にもこの副詞がよく使われており,使う候補の一つとして適当であることがわかります。こうして検索した候補の中から目的に合う語を選べばいいわけです。おもな副詞の件数を調べてみたのが (78) です。

(78) | | site:edu | site:ac.uk |
|---|---|---|
| a. "I was pleasantly surprised" | 865 件 (43,200) | 256 件 (26,300) |
| b. "I was very surprised" | 858 件 (49,100) | 198 件 (3,030) |
| c. "I was really surprised" | 751 件 (28,400) | 140 件 (1,280) |
| d. "I was quite surprised" | 594 件 (23,200) | 186 件 (1,680) |

(2010/3/11)

LDOCE 第 3 版 (1995) の例文はコーパスからの引用をしていることもあって副詞は pleasantly でしたが,第 5 版 (2009) では greatly に変わっています。こうした辞書の記述から消えた副詞

についても，Google 検索をすれば辞書を引かなくても，簡単に候補が見つかることがわかります。

(79) a. I was pleasantly surprised to learn that I had passed.
(*LDOCE*^{3} 1995)
（私が合格したことを知ってうれしい驚きがあった）

    b. We were greatly surprised at the news. (*LDOCE*^{5} 2009)
（私たちはその知らせを聞いてとても驚いた）

「会社で働く」では前置詞は普通 for と教えられます。

(80) a. "I work * a company."　　site:edu
    b. "work * a company"　　site:edu
(81) a. ***I work for a company*** called Tutor.com and we currently are in need of Statistics tutors.
⟨www.stat.psu.edu/resources/jobopps/msg00247.html⟩
（私は Tutor.com という会社で働いていますが，現在統計学を教えてくれる人を必要としています）　　(2010/3/11)

    b. ***I work at a company*** during the day and would like to register for Continuing Education courses offered during the evening.
⟨registrar.georgian.edu/iqweb/FAQ.asp⟩
（昼間はある会社で働いていますので，夜間に提供されている継続教育の授業の履修登録をしたいのですが）　　(2010/3/11)

実際 (80a) で検索してみれば，確かに (81a) をはじめとして for の例が多いのですが，(81b) のように，at など for 以外の前置詞も使われることがわかります。これらの前置詞のニュアンスの違いはマーク・ピーターセン (1990: 81-85) に詳しく書いて

あります。なおこの場合，(80b) で検索しても同じだと思ってしまいますが，実際検索してみると名詞 work の例が多く出てくることがわかります。したがって，(80a) のように主語を付け加え，work が動詞になるようにして検索します。

(82) a. I work **for** a small mail-order company in Nihonbashi.
   （私を雇っているのは，日本橋にある通信販売の小さな会社だ）
   b. I work in Nihonbashi **at** a small mail-order company.
   （私は日本橋にある通信販売の小さな会社で働いている）
   c. "I work in * at * company."　site:edu　　20 件 (611,000)
   (2010/3/11)

マーク・ピーターセン (1990: 83-84) では，"Where do you work?" とたずねられた時の答えとして，(82a) に加えて (82b) のような表現をあげています。これを確かめるには前置詞の後の名詞部分をアステリスクにした (82c) のようなものを考えます。すると，(83a, b) のように in の後には場所がくることができるのは確かです（この場合，会社だけでなく，働く土地にも焦点があたることがわかります）が，実例を見ると，(84a, b) のように in の箇所には会社の部門がくることが多いこともわかり，作文するときの参考になります。

(83) a. I went to work **in** Portland **at** a box company.
   〈https://webapp.usm.maine.edu/LifeStories/Search/.../View.do;〉
   （ポートランドの箱をつくる会社に働きに行きました）
   b. For this reason, I want to work **in** Mexico City **at** a company such as Procter & Gamble or Coca-Cola, ...

⟨www.aas.duke.edu/ousf/.../mexico_business_prop_state08.pdf⟩

(こういうわけで,メキシコシティで,たとえばプロクター&ギャンブルとかコカコーラのような会社で働きたいです)

(84) a. I work **in** the Publicity Department **at** FOX Broadcasting Company.
⟨people.bu.edu/rcarney/aboutrc/letters43.shtml⟩
(FOX 放送局の宣伝部で働いています)

b. I work **in** marketing **at** a computer tech company, mostly running events.
⟨alumni.uvm.edu/vq/.../cn9000.asp⟩
(私はコンピュータテク会社でマーケティングをやっており,主にイベントを運営しています) (2010/3/11)

いま,「高い死亡割合の理由は ... 」という英文を書こうとします。仮に (85) としたときに,of the のあたりがこれでよいか不安になります。その部分を確認するためにもアステリスクがあります。

(85) the reason of the high rate of death is ...

(86) a. "the reason * high rate of death"　site:edu　　　0 件
b. "the reason * high rate of death"　「アメリカ合衆国」
9 件
c. "the reason * high rate of"　site:edu　　96 件 (610,000)
(2010/3/11)

(87) a. Some research suggests that part of the reason **for** the high rate of death is due to inexperienced surgeons.
⟨www.brownandcrouppen.com/.../gastric-bypass-malpractic

e/⟩

(死亡率の高い理由の一つは未熟な外科手術のせいであると，ある研究が示唆している)

    b. Haiti's poorly constructed buildings are likely <u>the primary reason **for** such a high rate of death</u>.

⟨blog.iem.com/⟩

(ハイチの貧弱な造りの建物が，おそらくあれほど高い死亡率になった主な理由だろう)

(88) a. Levy examines whether <u>the reason **for** this high rate of</u> uninsurance is because of job instability and other financial situations at that age, ...

⟨www.transad.pop.upenn.edu/.../priceofindependence.htm⟩

(レビーは，無保険の割合が高い理由はその年齢における仕事の不安定さと他の経済的な状況のせいであるのかどうかを調べます)

    b. <u>The main reason **teenagers have such a** high rate of</u> unwanted pregnancies is that they are uniformed about sex; ...

⟨www.umich.edu/~psycours/350/bweller/TandFE2.html⟩

(10代の若者が望まない妊娠をする割合がそれほど高いのは，彼らがセックスについて知らされていないからだ)

    c. <u>The reason **lies in the** high rate of</u> female infanticide in India, ...

⟨comp.uark.edu/.../Book%20on%20FAQ%20replies.pdf⟩

(その理由はインドの女性の間引きの割合が高いことにあります)   (2010/3/11)

(86a) では例文が出てきませんでした。こういう場合は (86b) の

ように「アメリカ合衆国」全体で検索するか，(86c) のように death の部分を除いて検索するというように工夫します。すると，(86b) の検索結果は，前置詞は for が 8 例，of が 1 例という結果でしたので，for が適切であるとわかります。ただ，例の中には (87b) のようにブログを含んでいるのが気になるところです。(86c) の検索では，(88b, c) のような全く予想とは違う言い方も見つかるので，作文する際の参考になります。このように Google 検索はなにかと便利なことがわかります。

　Google ではアステリスクは一つにつき一つが原則です。したがって，(89) のような談話文を検索するのは工夫がいります。この際，たとえ二つの文であっても，2 組のダブルクォーテーション ("　") でくくらずに，1 組のダブルクォーテーションだけで検索します。こうすると 2 人の会話の順番が守れるからです。そして，(90a) のように一つだけアステリスクを入れると，そこに 1 語だけ入る文が優先される可能性が強いために，適切な例が見つかりません。また，(91d) のように一つの文中に will you と certainly がある場合も含んでしまうことがあるので注意が必要です。(90b) のように，間に入れるアステリスクを三つくらいにして検索すると参考になる例が見つかります。ただし，466 例あるといっても，その後半部分の例のほとんどが Google 特有のアステリスクのいたずらで，(91d) の例と同じ性質の関係のない例になっていました。

(89)　"Will you ...?"　"Certainly."
(90) a.　"will you * certainly"　　　site:edu　　73 件 (3,940,000)
　　 b.　"will you * * * certainly"　site:edu　466 件 (3,940,000)

(91) a. "*Please don't mention this to any one*, will you, **Anne?**"
"Certainly *not*," said Anne, ...
⟨utc.iath.virginia.edu/proslav/prfiwlgsa32t.html⟩
(「このことは誰にも内緒だよ，アン」「わかったわ」)

b. "Will you **wait?**" "Certainly I will," said Philip, ...
⟨penelope.uchicago.edu/.../De_defectu_oraculorum*.html⟩
(「待ってくれる」「いいよ」とフィリップが言った)

c. "Will you? **You mean it?**" "Certainly," she answered, ...
⟨www2.mcdaniel.edu/History/awc.html⟩
(「そうしてくれるの？ ほんと？」「もちろんだわ」と彼女は答えた)

d. And so we will let you know certainly when the program is complete or near complete.
⟨govinfo.library.unt.edu/cpa-iraq/.../Jan12_KimmittSenor.htm⟩
(だからその計画が完了もしくは完了に近づいたらきっと知らせるよ)

(92) a. "Will you **read the letter**?" "Certainly, if you wish."
⟨docsouth.unc.edu/nc/throopbertie/throop.html⟩
(「手紙読んでくれる」「お望みならいいわよ」)

b. Kyle: Hey Ben, will you **pass the lamb?**
Ben: Certainly.
⟨ccat.sas.upenn.edu/german/course_webpages/devil/chodosh.htm⟩
(カイル：ベン，ラム肉をとってくれる？ ベン：いいよ)

(2010/3/11)

第 4 章

Google 以外の検索

4.1. Yahoo 検索の活用法——アスタリスクの利用

2010 年 3 月現在 Yahoo も Google 検索と同じ操作ができるようになっています。また,サイト内検索もできますが,Yahoo! Japan では 2.2 節で述べたように Google のように検索ボックスから直接指定できません(ただし,Yahoo アメリカや Yahoo イギリス (UK & Ireland) のサイトでは検索ボックスから直接指定ができるようになっています)。しかし,Google と違って「対象とする国」を指定すれば固定される利点がありますので,「対象とする国」を「アメリカ」もしくは「イギリス」に固定しておいて,検索を実行するのもよいと思われます。また,件数比較する場合,推定件数でも Google よりは信頼性が高いので,使う値打ちは十分にあります。この章では Google 検索の場合と条件を同じにするために,できる限り「条件を指定して検索」の画面でドメインを edu もしくは uk にしてサイト内検索を行い,件数が出ない場合には国を指定して検索をすることにします。

Yahoo でも Google と同じようにアスタリスクが使えます。ただし,Google 検索ではアスタリスク一つを入れても必ずしも 1 語入る例が検索されるとは決まっていませんが,Yahoo では 1 語と決まっています。

(1) a.　I was raised (　　) London.　(私はロンドンで育った)
　　b.　"I was raised * London"　site:uk　　　　　180 件 (634)
(2) a.　<u>I was raised **in east** London</u> and I've never heard the expression.
　　　　〈www.phrases.org.uk/bulletin_board/61/messages/504.html〉
　　　　(私はロンドン東部で育ちましたが,その表現は聞いたことがあ

りません） (Google)

b. I was raised **in London** but spent my childhood summer holidays running the streets and alleys of Wigton.
   〈www.amazon.co.uk/review/R2XZM8FZMF7K40〉
   (私はロンドンで育ったが，子供時代の夏休みはウィグトンの町で遊んで過ごした) (Yahoo) (2010/3/11)

したがって，同じ日の同じ時間に検索した際，最初にあがっていた例が (2a) と (2b) ですが，Google では 2 語入る例なのに対し，Yahoo では 1 語入る例になっています。

最初の 10 例のうち，Google では最初の 7 例が 2 語入る例で，8 例目からの 3 例が 1 語の例でした。これに対して Yahoo は，実際に見ることができる最初の 100 例をみても，すべてが 1 語の例になっていました。

(3) a. This camera is (　) superior to other pocket sized cameras.
    (このカメラはほかの小型カメラよりもずっと優れている)

  b. "this * is * superior to"　　site:edu
  c. "is * superior to"　　site:edu

(4) a. ... [the additive] method is **by far** superior to the ultrametric procedure in estimating missing cells ...
    〈mbe.library.arizona.edu/data/1996/1306/10land.pdf〉
    (欠けている細胞を推定する際には，相加法のほうが超計量的な手段よりはるかに優れている) (Google)

  b. This technique is **far** superior to standard measures and is much more sensitive to shapes.
    〈umich.edu/~bio440/2002slides/SystematicMethods_files/slide

0015.html t.pdf⟩

(この技術は標準的な手段よりはるかに優れているだけでなく形状を敏感に察知します)　　　　　　　　　　　　　　（Yahoo）

c. It is **vastly** superior to the well-known Photoshop and modified Photoshop.

⟨research.csc.ncsu.edu/stereographics/LS.pdf⟩

(それは有名なフォトショップ（ソフトの名前）や修正版のフォトショップよりもはるかに優れています)　　　　　　　（Yahoo）

(2010/3/11)

(3b, c) の検索例では，Google の場合は (4a) のように by far といった2語のものがありましたが，Yahoo では (4b, c) のように vastly, far, clearly, actually, usually, immensely, much というようにすべてが1語の例でした。

(5) a. I am very pleased to accept the job (　　).
(喜んで仕事の申し出を受け入れます)

b. "pleased to accept the job *"　　site:edu　3件

c. "pleased to accept the job"　　site:edu　3件

(6) a. Dear Ms. Cannon: I am **pleased to accept the job offer** for the Planner I position with Sonoma County starting June 1, 2009 …

⟨csuchico.edu/…/job-search-tools/documents/acceptance-letter.pdf⟩

(キャノン様：私は2009年6月1日からのソノマ郡でのプランナーI職の仕事の申し出を喜んでお受けします)

b. One of the main reasons I was **pleased to accept the job was** the opportunity to work more closey with Sonita

and Scoot, ...
⟨www.macalester.edu/wgs/NewsletterFall2006.pdf⟩
(私がその仕事を喜んで引き受けた主な理由の一つは、ソニタやスクートとより親しく働く機会であるからでした)

c. Ryan said he was **pleased to accept the job because** he knew it would provide excellent opportunities not only for his career, but for his education as well.
⟨people.westminstercollege.edu/students/.../files/Ryan Hessenthaler.doc⟩
(ライアンは彼の経歴の面だけでなく経験の面でもすごくいい機会だと考えたので、その仕事を喜んで引き受けると言った)

(2010/3/11)

Google 検索では、(5b) のようにアステリスクをつけることは意味がなく、本来求めていない文まで検索してしまうので、アステリスクは用いないほうがよいと述べました。しかし、Yahoo ではアステリスクに意味があって、(5b) は job の後に語が一つ続く場合ということを指定します。したがって、(5a) の答えを求める場合、Google と違って、job の後に語が後続していなければ検索されることもないので、(5b) で検索してもかまいません。ただし、後続する語が名詞に限るという指定はできないので、(6b, c) のように was や because が後続する例を防ぐことはできません。

次に、アステリスクの数が二つの場合について調べてみました。

(7) "he * * unconscious for"　site:edu　　　50 件（130）

(8) a. He <u>**was left**</u> unconscious for 4 weeks, ...
　　　⟨www.msu.edu/~beanadri/andthen.html⟩

　　　　（彼は4週間意識不明のままにされていた）
b. The results of one test revealed the reason <u>he **had been** unconscious for</u> a little over an hour.
　　〈www.usna.edu/OfficerDevelopment/seminars/3csessions/3c_session_10.htm〉
　　（彼が1時間少しの間意識不明だった理由が，ある検査の結果明らかになった）
c. He was taken to hospital, where <u>he **allegedly lay** unconscious for</u> 34 hours.
　　〈www.bu.edu/phpbin/news-cms/news/?dept=732&id=49440〉
　　（彼は病院に運ばれたが，伝えられるところによると34時間意識不明のままだったらしい）　　　　　　　　(2010/3/11)

Googleでは，3.1節の(23)で見たようにアステリスクが二つでも，1語の場合も，2語の場合も，それ以上の場合もあると述べました。Yahooでは，(7)の結果は(8a-c)をはじめとしてすべての例が2語でした。アステリスク一つにつき1語というのが守られていることがわかります。

　このことを，アステリスクのところに2語入るしかないと思われる(9)でも確かめました。

(9) "he went * garden"　site:edu　3件
(10) a. **He went to Garden** City to buy a supply of lumber,
　　　〈www.skyways.kumc.edu/genweb/archives/1919ks/r/roarkrp.html〉
　　　（彼は木材を買いにガーデンシティに行った）
　b. **He went to Garden** Spot High School.
　　　〈www-rohan.sdsu.edu/dept/drwswebb/citings/08nov.pdf〉

(彼はガーデンスポット高校に行った)

c.　... **he went to Garden** City CC in Garden City, Kan.
　　⟨www.prcc.edu/2003archives/november/11-11-2003-01.html⟩
　　(彼はカンザス州ガーデンシティのガーデンシティコミュニティカレッジに行きました)　　　　　　　　　　(2010/3/11)

(9) の検索結果 3 例すべてが固有名詞の Garden の例になっていましたので，一つのアステリスクにつき 1 語ということが確認できます (Google の場合は 3.1 節の (26) 参照)。

(11)　I was talked (　　) buying a big car by my sister.
　　　1 about　　2 away from　　3 out of　　4 to
　　　(僕はお姉さんに大きな車を買う＿＿ように言われた)

(12)

a. "I was talked * buying"　−into　33 件 (110,000)
　　　　　　　　　　　　　　　　　　　　(Google アメリカ)
b. "I was talked * buying"　−into 1 件　　(Yahoo「アメリカ」)
c. "I was talked * buying"　　1,000 件 (4,640)　(Yahoo「アメリカ」)
d. "I was talked * * buying"　212 件 (294)　(Yahoo「アメリカ」)

Google 検索では，(11) の問題を，アステリスクを使って解く場合には (12a) のようにマイナス検索を用いると out of の例が見つかると述べましたが，Yahoo ではアステリスク一つにつき 1 語と柔軟性がないので，(12b) では out of の 2 語の例が見つかることはありません。into の間違いと思える to の例が 1 件だけでした。そのかわりに (12c) を Yahoo で検索するとほぼすべての例が into の例であり，(12d) の半分の例が out of の例で，残りは in to の例でしたので，Yahoo でも意外に答えが見

つけられる可能性があります。なお，(12b, c, d) は Yahoo! Japan で国を「アメリカ」に指定しています。

いずれにしても，アステリスクの使い方と結果は，Yahoo と Google では大きく違うので，そういう点をよく踏まえて使う必要があります。

4.2. Yahoo 検索の活用法——OR 検索の利用

Yahoo でも現在 OR を使った検索も問題なくこなせます。

(13) After the car hit the boy, he (　　) unconscious for two days.
1 remained　　2 remembered　　3 removed　　4 rescued
（車にはねられて，少年2日間意識不明＿＿＿）

(14) a. "he (remained OR remembered OR removed OR rescued) unconscious for * days"　site:edu
   b. "he remained|remembered|removed|rescued unconscious for * days"

(15) Following his transfer, he **remained** unconscious for 15 days....
〈www1.umn.edu/humanrts/undocs/1250-2004.html〉
（転院後，彼は15日間意識不明のままであった）　　(2010/3/11)

(16) "spend (discussing OR talking OR to discuss OR to talk) it"　site:edu

したがって，(13) のような問題を解く場合は，Google の場合と同じく (14a) のような式をつくれば，(15) のような例が検出され，remained が正解であることがわかります。ただ，

Googleと違って，Yahooでは(14b)のような｜(パイプ)を使った正規表現の形式は使えず，(14a)のようにORを使った形のみが使えることに注意が必要です。また，Google検索と同じくORを使って並べられる選択肢は1語だけのものに限られ，(16)のように選択肢に2語あるものが交じっていると，検索結果が「一致するウェブページは見つかりませんでした」となります。件数が0件という場合も同じ表示になり，注意が必要です。なお，(　)を含めてすべて半角で入力することを忘れないようにします。

(17)の答えの出し方について考えてみましょう。

(17) How did it (　) about that summer in Tokyo is hotter than it used to be.
　　1 come　　2 take　　3 happen　　4 occur
　　(どうして東京の夏は以前より暑くなったのですか)

(18) a. "How did it (come OR take OR happen OR occur) about that" site:edu　227件 (658)
　　b. "How did it (come OR take OR happen OR occur) about that summer" site:edu　0件

(19) a. How did it **come** about that you were to come to America,
　　〈accd.edu/pac/faculty/InteractiveHistory/projects/.../oralhistory.htm〉
　　(どうしてアメリカに来ることになったのですか)

　　b. How did it **come** about that you went to Sweden?
　　〈holocaust.umd.umich.edu/interview.php?D=ilkow&section=69〉

(どうしてスウェーデンに行ったのですか)　　　(2010/3/11)

(17) は it が仮主語になっている例ですが, (18b) のように that 内の summer までを範囲にすると検索条件がきつすぎるので, that までを使って, (18a) のようにすれば, (19a, b) のような例が見つかり, 答えは come であることがわかります。

(20) 　This morning the weather was fine, so I walked as (　) as the park.
　　　1 far　　2 well　　3 good　　4 long
　　　(今朝は天気がよかったので公園まで散歩した)
(21) 　"I walked as (far OR well OR good OR long) as the park."　site:edu　　　　　　0 件　(Yahoo) (Google)
(22) 　"I walked as (far OR well OR good OR long) as the park."　　　　　　　　　　　2 件「アメリカ」
(23) a.　I walked as <u>**far** as the park</u> on Sir Fred Schonnel drive
　　　　⟨www.flickr.com/photos/aboutown/14737862⟩
　　b.　I walked as <u>**far** as the park</u> but didn't enter.
　　　　⟨www.thedailynews.com/articles/goodbye.htm⟩
　　　　　　　　　　　　　　　　　　　　　　(2010/3/11)

(20) では, (21) のようなサイト内検索をすると Yahoo でも Google でも 0 件でした。そこで, (22) のように国を「アメリカ」と指定して検索してみました。(23a, b) が検索された 2 件でした。それ以外には主語の I を除いて検索する, あるいは the park の the までで検索するのもよいと思われます。

　以上見てきたように, Yahoo 検索でも OR 検索の使用は Google 検索と同じようにできることがわかります。

4.3. Yahoo 検索の活用法——件数比較

Yahoo の件数は，Google よりも信頼性が高いように思えるということはすでに第3章でふれました。件数が少ないときは，国を「アメリカ」とか「イギリス」に指定しておいて，件数を出すのが便利です。

Yahoo でも，Google の場合と同じように，選択肢に2語以上のものがあると1件1件件数を出して比較することになります。

(24)　Solving the problem was more difficult than (　　)
　　　1 we had thought　　2 our thinking
　　　3 our thoughts　　　4 we did
　　　(問題を解くのは思ったよりむずかしかった)

(25)
a. "was more difficult than we had thought"

18件 (24)「アメリカ」
b. "was more difficult than our thinking"　　0件
c. "was more difficult than our thoughts"　　0件
d. "was more difficult than we did"　　0件

(2010/3/11)

したがって，(24) の場合は主語の部分は省略して動詞以下を検索するのがよいでしょう。site:edu では3件しかなかったので，検索対象を「アメリカ」と指定して検索しました。件数を見ると，(25a) の場合が正解であることがわかります。なお，Yahoo アメリカでは国も指定できますので，「United States」と国を指定して (25a) で検索してみました。すると，実例17件 (23) で

したので、どちらでもほぼ同じ結果になると予想されます。

また、Google では推定件数が万をこえると、実例件数も見る必要がありましたが、Yahoo では基本的に必要ないといえます。それは (26), (27) の件数を比較してみてもわかります。

(26)　　　Google　　　　　　「アメリカ合衆国」　「イギリス」
　　　in a great surprise　　　95 件 (2,210,000)　　4 件
　　　in great surprise　　　　498 件 (900,000)　　51 件 (39,900)
(27)　　　Yahoo　　　　　　　「アメリカ」　　　　「イギリス」
　　　in a great surprise　　　289 件 (650)　　　　27 件 (44)
　　　in great surprise　　　　1,000 件 (24,100)　　281 件 (749)

(2010/3/11)

(26) の Google の推定件数は実例件数との相関性が低いのに対し、(27) の Yahoo の推定件数と実例件数はかなり相関性があるように思えます。

それは、すでに 2.3 節で示した Google の件数比較と比べてもわかります。

(28) a.　"I took a bath"　　site:edu　　　　69 件 (27,400)
　　 b.　"I had a bath"　　 site:edu　　　　25 件 (63,700)
　　 c.　"he took a bath"　 site:edu　　　　46 件 (26,300)
　　 d.　"he had a bath"　 site:edu　　　　10 件
(29) a.　"I took a bath"　　site:uk　　　　 70 件 (28,600)
　　 b.　"I had a bath"　　 site:uk　　　　249 件 (17,600)
　　 c.　"he took a bath"　 site:uk　　　　 27 件 (18,000)
　　 d.　"he had a bath"　 site:uk　　　　 62 件 (99,200)

(Google) (2010/3/6)

			site:edu	「アメリカ」
(30)	a.	"I took a bath"	173 件 (424)	1,000 件 (93,900)
	b.	"I had a bath"	46 件 (52)	1,000 件 (35,100)
	c.	"he took a bath"	85 件 (204)	1,000 件 (25,300)
	d.	"he had a bath"	31 件 (36)	1,000 件 (14,600)
			site:uk	「イギリス」
(31)	a.	"I took a bath"	234 件 (618)	832 件 (2,060)
	b.	"I had a bath"	922 件 (8,890)	1,000 件 (22,400)
	c.	"he took a bath"	91 件 (588)	309 件 (1,100)
	d.	"he had a bath"	306 件 (865)	657 件 (1,900)

(Yahoo) (2010/3/11)

Google の (28), (29) の推定件数では take a bath が米国語法で have a bath が英国語法であるとはいえないのに対し, Yahoo の (30), (31) では推定件数でも実例件数でもそれがいえます。

いずれにしても, Yahoo 検索は Google 検索と同じかそれ以上に使えることがわかります。以下両者の特徴を示してみました。

(32)

	Google	Yahoo
アステリスク一つにつき	1語とは限らない。	1語に限定。
サイト内 (ドメイン内) 検索	使いやすい (検索ボックスから直接入力可)。	「条件を指定して検索」の画面からになる。Yahoo アメリカ (UK イギリス) では検索

		ボックスから直接可。
国別指定	使いにくい（その都度指定する必要がある）。Google アメリカ（イギリス）では指定できない。	使いやすい（指定を保持できる）。Yahoo アメリカ（イギリス）でも指定可能。
OR 検索	できる	できる
｜（パイプ）検索	できる	できない
実数件数の信頼性	700 件くらいまで（実例件数の限度：約 900 件）	900 件くらいまで（実例件数の限度：1000 件）
推定件数の信頼性	1 万件以下なら	1 万件をこえてもある
アステリスクを用いた検索時，アステリスクのある箇所以外を検索	することがある	することがない
検索の開始	検索ボックスから直接（国を指定する場合は「検索オプション」画面から）	国，ドメインなどを指定する場合は必ず「条件を指定して検索」画面から
マイナス検索	可能	可能

なお，両者共，1 ページ 10 件が標準となっていますが，一度に

たくさん見たい場合は 100 件まで検索できるように変更して，検索するとよいと思われます。ただし，この変更を行うと推定件数が少し変化することが多いことに注意が必要です。

　以上を総合評価すると，英語の検索に限れば，Google のほうが手軽に検索でき，アステリスクにも柔軟性があるというよさがあるのに対し，Yahoo のほうは推定件数においてやや信頼性が高いようにも思われます。目的に応じて使い分けをするとよいと思われます。

4.4. BNC (British National Corpus) の活用法

　British National Corpus は，1960 年から 1993 年くらいまでのイギリス英語を集めた 1 億語のコーパスとして有名で，信頼性のあるコーパスといえます。BNC はイギリスのサイト (http://www.natcorp.ox.ac.uk/) と，アメリカの Brigham Young University のサイト BYU-BNC (http://corpus.byu.edu/bnc/) があって，後者のサイトは登録さえすれば，無料で利用できますので，この BYU-BNC サイトの利用の仕方から紹介しておきます。メールアドレスとパスワード（5 桁以上）など必要事項を入力して登録し，毎回ログインしてから利用します（ただし Gmail では登録不可）。URL の入力が面倒という場合は Google で「byu bnc」で検索すれば簡単に見つけられます。

　左上の search string の下のボックスに語句を入れて検索しますが，ルールがありますので覚えておくと便利ですので紹介しておきます。Display の下に List, Chart, Kwic, Compare というのがありますが，List をクリックして行います。

(33) a. bread butter ではそのままの語順で検索される。
  b. bread * butter では * はワイルドカードであり，* のところに何か1語入る。
    例) bread and butter, bread with buttter
  c. * terms * では in terms of など * のところに1語ずつ入り，全部で3語のものが検出される。
  d. [make] fun of のように [ ] でくくると，動詞はその変化形 make, made, makes, making などがすべて検出される。[high] のような形容詞なら，比較級 higher や最上級 highest も例があれば同時に検出される。
  e. is * * favourite では * が二つあるので is と favourite の間に2語入る。(BNC はイギリス英語中心なので，favorite よりも favourite のほうが例が多い)
    例) is a firm favourite, is a particular favourite
  f. is/was sure では / は or の意味なので，is sure と was sure が検出される (is/was/am sure では is sure, was sure, am sure が検出される)。
  g. *favor* では任意の接頭辞，接尾辞が付加されて favor, favorite, favored, favorable, unfavorable, favorably, favors および in favor of などが検出される (逆に in favor of と入力しても検出されない)。
  h. un*le では，unable, uncle, uncomfortable, unacceptable などが検出される。
  i. [=take] a bath では need a bath, get a bath, use a bath など take と類似する動詞が検出される。
  j. prevented him from [vvg] では，vvg は本動詞の ing 形という意味なので，vvg に対しては going, taking などの

ing 形が検出される。
k. prevented him from [v?g] では，v?g に対しては being, having を含めたすべての ing 形が検出される。
l. thick [nn*] とすると，[nn*] には名詞がくる（なお，動詞は [v*]，形容詞は [aj*]，副詞は [av*]，前置詞は [pr*]）。すると thick layer, thick hair などの例が検出される。
m. [vvb] a bath では，[vvb] が動詞の原形を示すので，need a bath, take a bath, want a bath, get a bath などが検出される。[vvb] * bath とするとアスタリスクの部分が a 以外でもよくなるので，clean the bath, live in Bath といった別の語がくる例も検出される。
n. students の後に動詞を入れたいときは，[v*] と入力するか，POS LIST の欄をクリックして verb.ALL を選ぶと自動的に [v*] が入力されます。さらに POS LIST から noun.ALL を選ぶと [nn*] が入力され，SEARCH をクリックすると，students have access, students returning questionnaires などが検出される。
o. a [= beautiful] girl というように入れると，a beautiful girl, a lovely girl, a wonderful girl, a charming girl など，beautiful の類義語も検出される。
p. 不定形は [v?i*] で指定する。want to [v?i*] a book では検出されるが [vvb] は動詞の原形なので want to [vvb] a book では検出されない。過去分詞は [v?n*]，過去形は [v?d*] で示される。
r. Tom's で検索する場合，Tom 's というように 2 語で検索する。

(34) Chart では どういう使用域 (register) (spoken 会話, ficiton

小説, magazine 雑誌, newspaper 新聞, non-academic 一般, academic 学術, misc 雑多)で，その表現が使われるかがわかります。そのためには，まず単語を入れた後 chart をクリックします。すると，どの使用域での使用が多いか少ないかがわかります。棒グラフ部分をクリックすると例が見えます。

(35) Compare では二つの表現の比較を行います。例えば，Word(s) の左の欄に boy, 右の欄に girl と入力します。Collocates の左側欄に [nn*], 右側欄に 0（左）1（右）と入力すると，boy の後にどういう名詞がくるか，およびその頻度を比べることができます。この場合なら boy では boy labour (36) と girl guides (39) になります。Collocates の左側欄に何も入れないで同じことをすると，後ろにくる語の品詞を限定しないことになり，boy では meets (7) という動詞が検出されたりします。

(33a-r) のような規則がわかると，これまで Google 検索でしてきたことが簡単にわかります。ただし，データの信頼性は高いのですが，Google 検索ほどのデータ数がありません。したがって，すでに扱った例について同じことをしても，うまく例が見つからないことがありますので工夫が必要になります。その工夫の仕方を紹介します。

(36) a. was raised * a farm（農場で育った） (1)
　　 b. was raised * London（ロンドンで育った） (0)
　　 c. raised * London
(37) raised in London (3), raised about London (1), raised; London (1)
(38) a. [be] * superior to（より優れている）

b. [av*] superior to
(39) a. was far superior to (7), is greatly superior to (5), is far superior to (5), are far superior to (4), were far superior to (4), is not superior to (3)
　　　b. far superior to (36), much superior to (12), morally superior to (6), vastly superior to (6), greatly superior to (6)

(36a)では1例だけありますが，(36b)では例が見つかりません。こういう場合は，(36c)のようにwasも除いて検索します。すると，(37)のような例が検出されます。したがって，inであることがわかります。(38a)はbe動詞とsuperior toの間に1語入るという形で検索する場合，(38b)は品詞を副詞と指定して検索する場合のやり方です。それぞれ(39a)，(39b)のように出てくるので，「はるかに」という意味ではfar, greatly, vastyなどが入ることがわかります。（　）内の数字は件数を示しています。

(40) a. the right to refuse * to anyone
　　　　　（誰に対しても＿＿＿を拒否する権利）
　　　b. the right to refuse * to
　　　c. refuse * to anyone
　　　d. refuse * to
(41) a. 例はなし
　　　b. the right to refuse service to
　　　　　（サービスを拒否する権利）(1)
　　　c. refuse entry to anyone（入場を拒否する）(1)
　　　　refuse admission to anyone（入学を拒否する）(1)

d. refuse entry to (6), refuse access to (4), refuse service to (3), refuse permission to (3), refuse consent to (3)

(42) a. accept the job *
   b. accept the job [nn*]
   c. accept the job offer（仕事の申し出を受け入れる）(1), accept the job of (1), accept the job because (1), accept the job (1)
   d. accept the job offer (1)

(40a) も用例がありません。こういう場合はより単純に (40b), (40c), (40d) というような単純な形で検索します。アステリスクのところを名詞に指定する必要はありません。結果はそれぞれ順番に (41b, c, d) となります。(42a) ではアステリスク一つを job の後に入れて検索すると (42c) の結果となります。ただし、アステリスクは品詞を指定しないので、そこにどういう品詞がくるかあいまいです。したがって、(42b) のように品詞（この場合は名詞）を指定するのもよいでしょう。結果は (42d) の1例のみでした。

　しかし、手軽に使うには、「（アステリスクのない）そのものずばりの検索」をするか、「アステリスクを使った検索」の2種類だけと考えて利用するのが一番です。使い方がわかってきて、物足りなくなってきたら、(38b) や (42b) のようにアステリスクでなく品詞を指定するといったやり方を覚えることにします。また、検索の際には " " は不要です。

(43) I am afraid I am not prepared to (　　) the risk of losing all my money.
　　1 catch　2 deal　3 put　4 take

(あいにくぼくにはお金をすべて失う危険を＿＿覚悟がない)

(44) a.　am not prepared to * the risk of (1)
　　 b.　prepared to * the risk of
(45)　prepared to take the risk of (3),
　　　prepared to run the risk of (2)
(46)　After the car hit the boy, he (　　) unconscious for two days.
　　　1 remained　　2 remembered　　3 removed　　4 rescued
　　　(車にはねられ，少年は2日間意識不明＿＿)
(47) a.　he * unconscious for
　　 b.　* unconscious for
　　 c.　[v*] unconscious for
　　 d.　remained/remembered/removed/rescued unconscious for
(48)　was unconscious for (6), been unconscious for (5),
　　　remained unconscious for (4), knocked unconscious for
　　　(殴られて気絶する) (2), the unconscious for (1)

　(43)のような場合にも，(44a)とすると1件だけしか出てこないので，(44b)のように検索条件をゆるくして例を出やすくします。すると，(45)のようになって答えはtakeであるとわかります。ところが，(46)の答えを見つけたい場合には，(47a)ではremainedの例は出てきません。BNCにとって，これでも検索条件がきつすぎるからです。主語を除いて，単に(47b)のようにするのが正解です。動詞の例であるかどうかは例を見て判断します。動詞の例だけにしたい場合は，(47c)としますが，そこまでしなくても(47b)の結果である(48)を見ればどういう動詞がくるのかがわかります。

(46) の答えを見つけるやり方としては，(47d) のように動詞を選択させる方法もあります。なお，BYU-BNC では Google で扱った OR 検索をさせるには，｜(パイプ) でなく / (斜線) を使いますので注意してください。すると remained unconscious for (4件) だけが検出されます。Google と同じように，選択させることができるのは1語だけです。

(49) The soccer game was shown on a big screen in front of ( ) audience.
　　 1 a large　　2 a lot of　　3 many　　4 much
　　 (サッカーの試合は<u>大勢</u>の観衆の前にある大画面に映し出された)

(50) a.　a large audience　　23
　　 b.　a lot of audience　　0
　　 c.　many audience　　0
　　 d.　much audience　　0
　　 e.　many/much audience　　0

したがって，(49) のような語彙数が違うものの検索では，一つ一つ入力してみて，例があるか見てみるしかありません。さらに，BNC では in front of に続く例はありません。したがって，その部分だけの検索をします。many と much は1語ですので，両者は (50e) のように選択させることができますが，もちろん0件となります。

(51) a.　was * surprised
　　 b.　[av*] surprised

(52) was not surprised (78)，was very surprised (47)，
　　 was n't surprised (42)，was so surprised (30)，

was a little surprised (27), was pleasantly surprised (26), was quite surprised (21), was really surprised (14)
(53) very surprised (150), pleasantly surprised (87), a little surprised (66), so surprised (60)

どういう副詞が形容詞の前にくるか,あるいは形容詞同士の語順などを調べるのにも,BNC を検索すれば手間がかからず便利です。(51a) では動詞 was と surprised との間にアスタリスクを入れるだけで (52) のような結果となります。否定辞なども出てきますが,副詞として very, so, a little, pleasantly, quite, really などがあることがわかり,便利です。最初から副詞だけを指定したい場合は (51b) のようにします。(53) がその結果で,この場合も同じような副詞が候補になることがわかります。

(54) a. beautiful [aj*]   b. [aj*] beautiful
     c. beautiful [aj*] *   d. [aj*] beautiful *
(55) beautiful young (71), beautiful old (45), beautiful little (31), beautiful white (45), beautiful new (16), beautiful blonde (15)
(56) big beautiful (8), long beautiful (3), fucking beautiful (2)
(57) beautiful young woman (若くて美しい女性) (29), beautiful young girl (10), beautiful young man (9), beautiful old house (美しい古家) (6), beautiful sunny day (すばらしく晴れた日) (6), beautiful blue eyes (5)
(58) wide beautiful lawn (広くて美しい芝生) (1), whole beautiful wardrobe (1), whole beautiful Moto (1), white beautiful face (1)

形容詞 beautiful の前後にどういう形容詞がくるのかを調べる場合は，たとえば形容詞の品詞指定を用いて (54a, b) のようにして調べます。(54c, d) のように後ろにアスタリスクも入れておくと，そこに名詞などが入るので，例がはっきりします。(55)-(58) がそれぞれの結果で，日本語とは必ずしも語順が一致しないことがわかりますし，(57) で beautiful sunny day が上位にきているのは天候を話題にすることが多いイギリスらしいということもわかったりします。ちなみに，4.5 節で紹介するアメリカの COCA コーパスでは sunny day の例は 13 位でした。

(59) a.　I * a bath（お風呂に入る）
　　 b.　[v*] a bath
(60) a.　I have a bath (10)，I had a bath (5)，I took a bath (1)
　　 b.　have a bath (145)，had a bath (49)，
　　　　 take a bath (26)，took a bath (6)
(61) a.　I * an attempt : I made an attempt (3)
　　 b.　I * an attempt * : I made an attempt to (3)
　　 c.　I * lunch : I had lunch (12)
　　 d.　I * lunch * : I had lunch with (5)

BNC はイギリスのコーパスですので，have a bath と take a bath のどちらが英国語法かという問題に関しても，(59a) もしくは (59b) のようにすれば答えは簡単に出ます。また，attempt を使って「試みる」としたいときや，lunch を使って「お昼を食べた」としたいときの動詞はというとき，Google 検索の場合と同じように，主語を I として (61a, c) のようにすれば簡単に動詞がわかるので便利です。またこの際，もっとうまく使うコツは

(61b, d) のように調べたい語のあとにもう一つアスタリスクをつけてみることです。そうすると，attempt には to 不定詞が後続することや，lunch には with をつけて使うことが多いことなどがわかります。

米国語法については，4.5節で紹介する COCA とか Time のコーパスを使うことになります。BNC コーパスには1億語あるといっても，それほど多くの数が検索結果として出ないのですが，データの信頼性が高いので，検証するには最適のコーパスであるといえます。

BNC には無料で検索できるイギリスのサイト (http://www.natcorp.ox.ac.uk/) もあります。最大50件しか例がヒットしないので，あまり役に立たないと思われるかもしれませんが，使い方によっては役に立ちます。したがって，BYU-BNC が使えない場合も，ルールをうまく利用すればイギリスの無料サイトでも十分に使えることがあるのも事実です。そのコツとは単語を入れる検索方法をうまく指定してやることです。

(62) a. bread butter ではそのままの語順で検索される。
   b. bread _ butter では _ のところに何か1語入る。
   c. is _ _ good では _ が二つあるので2語入る。
   d. prepared*take/3 では1語間に入って最大合計3語までになるので，prepared take と prepared _ take と同じ結果。
   e. prepared*risk/4 では最大合計4語までになるので，prepared risk と prepared _ risk と prepared _ _ risk の3種類のことをするのと同じ結果。
   f. is*favourite/5 では3語間に入って合計5語までになる例が探せるので，is favourite と is _ favourite と is _ _

favourite と is _ _ _ favourite と同じ結果 (BNC はイギリス英語中心なので favorite よりも favourite のほうが件数が多い)。

(63) a. have a bath　　　　　b. take a bath
　　 c. made a big mistake　 d. made a great mistake
(64) a. raised _ a farm　　　 b. is _ superior to
　　 c. refuse _ to anyone　　d. prepared to _ the risk

つまり，BYU-BNC と違い，このサイトではアスタリスクが _ になると覚えておけばいいので，(63a-d), (64a-d) のように _ を用いない検索と，_ を用いる検索を使い分けることができればいいと思います。

(65) a. She is gaining in weight.
　　 b. She is gaining weight. (彼女は体重が増えてきている)
(66) a. gaining weight (18)
　　 b. gaining in weight (0)
　　 c. gaining*weight/3

したがって，(65a) と (65b) のどちらが適切もしくは正しいかを調べる場合，それぞれ (66a, b) のように検索すると，gaining weight は 18 件で，gaining in weight は 0 件であることがわかります。0 件の場合は「No solutions found for this query.」と出ます。また，(66c) のようにすると，一つの語をはさんで，2 語と 3 語の組み合わせを見ることになるので，両方の例を見ることができます。

　いずれにしても，こちらのサイトは登録が必要ありませんし，簡単なことであれば，このイギリスの無料サイトでも十分に利用

できます。ほかにも Lancaster 大学に BNCweb (http://bncweb. info/) という無料の BNC サイトがあります。

4.5. COCA コーパス，Time コーパスの活用法

無料で使えるアメリカ英語を集めたコーパスのサイトとして，BYU-BNC と同じ箇所に Corpus of *Contemporary* American English (COCA) (http://www.americancorpus.org/) コーパスがあります。語彙数も4億語あり，BNC と比べて COCA のほうが4倍多いので，さらに役に立つ可能性があります。使い方は BYU-BNC に準じています。ただ，品詞の指定が BYU-BNC と一部違っていて，形容詞は [j*]，副詞は [r*]，前置詞は [i*]，動詞の原形は [vv0]，ing 形は [v?g*] などです。求める品詞は POS LIST をクリックすると指定できます。

(67) a.　I * a bath（お風呂に入る）
　　 b.　[v*] a bath　　　　　　　　　　　　　　(= (59))
(68) a.　I have a bath (10), I had a bath (5), I took a bath (1)
　　 b.　have a bath (145), had a bath (49),
　　　　 take a bath (26), took a bath (6)　　(= (60)) (BNC)
(69) a.　I take a bath (12), I took a bath (4),
　　　　 I have a bath (2), I had a bath (2)
　　 b.　take a bath (241), took a bath (49),
　　　　 have a bath (28), had a bath (23)　　　　　(COCA)

たとえば (67a), (67b) で検索してみますと，(69a, b) となり，(68a, b) の BNC の場合とは逆に take a bath のほうが多く見られることがわかります。( ) は件数を示しています。

(70) a. I * an attempt * : I made an attempt to (2), I made an attempt at (2)
  b. I * lunch * : I had lunch with (58), I have lunch with (12), I ate lunch with (8), I had lunch at (8)
(71) a. "he * behaviors" site:edu (Google) 429 件 (4,590,000)
  b. "behaviors * by students" site:edu (Google)
    231 件 (747,000)
  c. [vvb] behaviours (BNC): use (1), play (1), escape (1)
  d. [vv0] behaviors (COCA): risk (34), exercise (17), play (9), include (4), exhibit (3)
  e. behaviors [v?n*] (COCA): associated (91), related (65), exhibited (41)

(61) で行った検索もしてみますと，COCA のほうが (70a) では at の例がありますし，(70b) では動詞が eat とか，前置詞が at の例もあったりして，情報が多いことがわかります。3.4 節の (74) で扱った「学生が＿＿＿な振る舞い（行動）をする」という場合の behaviors を目的語にとる動詞は何かという場合，(71c) でわかるように BNC では用例がありませんが，COCA ではあります。おもしろいのは Google の (71b) の場合と同じように受身で検索した (71e) のほうが見つけやすかったことでした。

(72) have * respect for（敬意を＿＿＿払う）
  BNC: no (12), great (9), more (4), sufficient (3)
  COCA: great (144), no (69), more (34), tremendous (33)
(73) [j*] annoyance（＿＿＿いらだち）

BNC: great (4), obvios (3), deep (2), familiar (2)
COCA: minor (29), mild (12), great (10), slight (6)
(74) running * the direction of (の方向に走っている)
BNC: in (1), from (1)
COCA: in (8), from (2), under (1), toward (1)

(72) から (74) の検索結果を見てもわかるように，COCA のほうが件数が出やすいことがわかります。さらに，BNC と違い，in favor of は 3 語で検出できるというように語句の検索で不便なところが少ないことから，ふだんは COCA コーパスの使用をお勧めします。

また，同じ BYU のサイトではアメリカ Time 誌の記事検索もできる Time コーパスのサイト (http://corpus.byu.edu/time/) があります。使い方は BNC, COCA と同じです。このサイトでは，歴史的な変化を見ることができるので，そういうことを調べる時は便利だと思われます。

(75)	1920s	30s	40s	50s	60s	70s	80s	90s	2000s
tsunami		1	3	0	1	5	0	11	81
karaoke							9	8	25
anime								13	17
a big mistake (54)	3	2	5	9	4	4	4	12	11
a terrible mistake (48)	1	2	3	6	7	6	8	4	11
a great mistake (46)	5	4	11	14	9	2	0	1	0
tired with (4)	0	1	2	0	1	0	0	0	0
tired from (40)	4	6	9	9	5	2	2	2	1
tired after (38)	2	5	8	7	3	6	3	3	1

(75) からは tsunami (津波), karaoke, anime がいつ頃からア

メリカの雑誌で使われるようになったのかを知ることができますし，mistake の修飾表現として great は以前よく使われたが，現在ではあまり雑誌では用いられなくなってきたことが，そして tired with も古い用法であり，少なくとも雑誌では用いられないことが推測できます。(2010 年からは，1810 年から 2009 年までの古い年代の情報が得られる，4 億語からなる COHA コーパス (http://corpus.byu.edu/coha/) も追加されています。)

4.6. 英辞郎，Wikipedia の活用法

インターネットサイトには辞書があるのが一般的です。たとえば，Yahoo, excite, goo などでは，調べたい語を入れて，検索入力箇所の上にある「辞書」というところをクリックすると英和辞典・和英辞典とか国語辞典を引いてくれるので便利になっています。また，ネット上の辞典 Weblio (http://www.weblio.jp/) が現在は便利だと思われます。ただ，簡単に意味を調べる方法としては，Google で (76a, b) のように入れてみると辞書のサイトが検索されるし，(76c, d) とすれば辞書だけでなく関連する情報も教えてくれるので覚えておくと便利です。

(76) a.　つゆだく　辞書　　b.　twitter　辞書
　　 c.　つゆだく　意味　　d.　twitter　意味

インターネット上で使いやすい英和・和英辞典としてはアルクの「英辞郎 on the Web」(http://www.alc.co.jp/) が有名です。英辞郎は (CD 版もありますが)，インターネット辞書として，用例が充実していて便利ですので紹介します。英語を入れると，日本

語訳が出てきますし,日本語を入れると,英語訳が出てきます。ここまでは普通のことですが,紙の辞書に比べて用例が充実しているのが特徴です。しかし,語義や用例がありすぎるので,検索方法を工夫しないと目的のものがすぐに見つからないことがあります。

詳しくは英辞郎にも検索の仕方の説明画面がありますのでそこを参考にされるとよいと思いますが,検索に関して三つの簡単なヒントを紹介しておきます。

一つ目のヒントとして,英語の意味を調べる際には,とりあえず英語1語でなく2語(あるいは3語)入れてみることです。

(77) a. Hot spring resorts caught the attention of foreign tourists.
(温泉リゾート地は外国人観光客の注目を集めた)
 b. hot spring resort
 c. [catch] attention
 d. foreign tourist

(77a) の hot spring resort, caught the attention of, foreign tourist の意味がわからない場合,辞書なら resort, attention, tourist を引いてから用例を探すことになりますが,英辞郎なら (77b-d) のように2語または3語入れるだけで結果がわかります。caught は動詞の原形を用いて [catch] にします。こうすると catch, caught, catches など動詞の変化形もまとめて検索してくれます。

(78) a. address the growing food security problems
(深刻化しつつある食糧安全保障問題に取り組む)

b. ○ address problem
c. △ address 問題
d. ○ address problem 問題

(79) a. food security
b. growing problem

二つ目は，日本語と英語の両方を入れて，目的のものを探す方法があることです。

(78) の address の訳がわからないとします。この場合，意味を調べる一つ目の方法は (77) で行ったのと同じように，目的語と思える problems と address の 2 語を入れて検索するという方法です。problems はできれば単数にして検索します。もっとうまく訳を見つける方法は，problem が「問題」という意味であることはわかる場合，(78d) のように日本語も追加すると，さらにわかりやすい例や訳が出てくることが多いということです。(78c) でもいいのですが，少し探す手間がかかります。残りの単語 (79a, b) は 2 語入れる方法で検索します。

(80) I am afraid I am not prepared to (　　) the risk of losing all my money.
1 catch　　2 deal　　3 put　　4 take
(あいにくぼくにはお金をすべて失う危険を＿＿＿覚悟がない)

(81) a. × risk
b. △ the risk of 危険
c. ○ 危険を the risk of
d. × the risk of 危険をおかす

(80) の (　) に入る動詞を調べることもできます。もちろん,

(81a) のように risk だけではだめです。ただ，(81a) で「危険を」という意味だけはわかったとします。こうした場合，一つ目のヒントの「英語は二つ以上入れる」ということから the risk of を利用して (81c) のようにするのが正解です。(81b) では take までなかなかたどりつけません。しかし，「危険をおかす」ということが文脈からわかったとして，(81d) のようにしたらよいと思えますが，この場合では「該当する項目は見つかりませんでした」と表示されて，出てきません。この理由は辞書には「冒す」で登録されてしまっていて，それに合致しないからです。

三つ目のヒントとして，Google でも用いた | (パイプ) を用いた OR 検索の方法があります。

(82) I am afraid I am not prepared to (　) the risk of losing all my money.
　　 1 catch　　2 deal　　3 put　　4 take　　　(= (80))
(83) After the car hit the boy, he (　) unconscious for two days.
　　 1 remained　　2 remembered
　　 3 removed　　4 rescued
　　 (車にはねられ，少年は2日間意識不明＿＿)
(84) I (　) go to the seaside this summer. I've had enough of the mountains.
　　 1 rather　　2 would rather　　3 prefer　　4 would prefer
　　 (私は今年の夏は海がいいわ。山はもうたくさん)
(85) a.　"catch|deal|put|take the risk of"
　　 b.　"[remain]|[remove]|[remember]|[rescue] unconscious"
　　 c.　"rather|prefer go to"

(82)–(84) では，それぞれ (85a–c) のようにすると適合する例が出てきます。OR 検索の部分は | (パイプ) で結び，残りの部分は空白をあけて続けます。また，全体を " " (ダブルクォーテーション) でくくります。ただし，(83) を調べる場合にはできれば動詞は原形を [ ] に入れておきます。これだと現在形も過去形も探してくれます。(84) では (85c) のように would を除いた二つで検索を行います。あとは例を見れば would が必要かどうか判断できます。" " は半角で入れるように注意します。

　もちろん，英辞郎でも出てこない訳語 (特に専門用語など) があります。こういう場合に使えるのが，インターネットの Google 検索や Wikipedia です。

(86) 　scattered disk
(87) a. 　"scattered disk"（Google「日本語のページを検索」）
　　 b. 　"scattered disk" は
　　 c. 　"scattered disk" 天体
(88) a. 　"double yellows" 黄
　　 b. 　"double yellow" wikipedia
　　 c. 　"double yellows" 画像
　　 d. 　John Gotti

たとえば，(86) の訳語は「英辞郎」では見つかりません。こうした場合は，この用語を Google で，(87a) のように英語と日本語のひらがな 1 字「は」(「あ」とか「い」でもよいと思います) を入れるか，その分野がわかっておれば (87c) のように「天体」とかを入れます。これは Google でいえば (87a) の「日本語のページを検索する」に相当するからです。するとネット上に存在する訳

語が出てくることがよくあります。また，外国人の名前や外国の土地の名前など読みがわからないときもこの方法が使えます。あるいは Wikipedia (http://en.wikipedia.org/) の英語のページで，(86) と入れて検索します。次に左の languages のサイトから日本語を選ぶと「散乱円盤天体」のサイトに行きます。これが訳語になります。

　また，double yellow(s) などの語も「英辞郎」では見つかりませんが，Wikipedia ならすぐに解説が見つかります。(88a) でもたまたま説明を書いたブログが見つかりました。さらに，画像をクリックすると，どういうものか具体的にわかることがあります。5.3 節の最後にある *New York Times* の例 (39) では，John Gotti という名前が出てきます。これも英語の Wikipedia に入ってから，日本語をクリックすると，日本語の解説が読むことができて便利でした。

　また，cordial の意味は「英辞郎」などでは (89) となっていますが，経験的には (90) の Wikipedia の意味の「水でうすめて味わう」というほうがより正確だと思われます。したがって，物の名前については Wikipedia の解説を見るのが参考になるということを覚えておくと便利です。

(89)　〈英・豪〉〔果汁飲料〕コーディアル◆幼児や子供向けの果汁シロップを水で薄めた甘い飲み物。スカッシュ (squash) より果汁の含有量が多い。

(90)　イギリスとオーストラリアでは，コーディアルは極めて甘い（たいていは完全に人工的な）濃縮されたノンアルコール飲料を指し，水でうすめて味わう。コーディアルは胃の不調に効果があるともいわれる。

第 5 章

Google 検索による英語語法研究

Google 検索はインターネット上の豊富なデータを無料で利用できるという長所がありますが，やや信頼性に欠けるという短所もあります。しかしながら，実際の用例は現実に世界で使われている言語を反映していますので，BNC コーパスとか英英辞典でも利用されている Bank of English コーパスのような信頼性はないにしても，多くの事実を証明してくれる手がかりにはなるように思います。なにより誰でもネットにつながっておれば手軽に検索できます。したがって，最近では Web 上のものを集めたコーパスも開発されています。この章では Web をコーパスに見立てた Google 検索で語法研究をしてみたらどういうことがいえるのか，そしてそれを BNC コーパスと COCA コーパスで検証してみるとどうなるのかを考察してみたいと思います。なお，本文でいう BNC コーパスは 4.4 節で紹介した BYU-BNC コーパスを指します。

5.1. at/in the doorway と at/in the beginning of this month/year

　前置詞 at と in の違いを説明するのは，簡単そうで簡単ではありません。この問題を考えてみます。たとえば，小西 (1976: 138-140) では (1) のように述べ，これが話し手の位置や見方によって (2a) とも，(2b) ともなると述べています。

(1) 　原義的には at は地点としての場所そのものを示す語であり，それに対し in は「あるものの内部に」という意であるから，

そのなかのどこかに位置することを暗示している。これから自然に in は広い場所, at は狭い場所という概念がはいってくるが, 原義的な違いではない。

(2) a. He arrived at London.
    b. He arrived in London. (小西 (1976: 139))
(3) a. An old couple who had come in from the country hesitated for a moment *at the doorway*.
(いなかからやってきた老夫婦は入口で一瞬ためらった)
    b. Miss Amelia stood most of the evening *in the doorway* leading to the kitchen.
(アミリアは台所に通じている入口に夕方の大部分立っていた)
(C. McCullers, *The Ballad of the Sad Café*)

そして, この話し手の視点が地点 (point) にあれば at, 広がりをもった空間 (space) にあれば in となる。at と in の原則的な考え方は, 次の例などと比較するとよくわかるとし, (3a, b) の例をあげ (3a) は単に場所, (3b) はその場所の中にということになるとしています。

こうした場合, 話し手の視点によって at となるか in となるか違ってくるという主張そのものは否定できません。ニュアンスとしては, (3a) ではためらっているからこそ,「入口のすぐそば」を示す at であり, (3b) では (やや長い時間) 立っているときだからこそ「そばというよりもやや範囲が広い」を示す in であるということのように思えます。となると, hesitate が doorway と使われるときは at が多いし, stand が doorway と使われるときは in が多いとすれば納得できます。そういうことがネット検索でわかるのかを Google 検索をして調べてみること

にします。

(4)   site:edu 　「アメリカ合衆国」
    "hesitated at the doorway"　　　1　　　　53 (331,000)
    "hesitated in the doorway"　　　10　　　202 (420,000)
(5)   site:uk　　「イギリス」
    "hesitated at the doorway"　　　9　　　　12 (8,610)
    "hesitated in the doorway"　　　32 (4,940)　38 (13,500)
                                                               (Google) (2010/3/14)

そこでまず，Google のサイト内検索および地域指定をして国別での検索をしてみます。結果としては，圧倒的に in の例が多いということがわかります。

(6)   site:edu　　「アメリカ」
  a. "hesitated at the doorway"　　　3　　　　341 (640)
  b. "hesitated in the doorway"　　　13　　　963 (3,600)
(7)   site:uk　　「イギリス」
  c. "hesitated at the doorway"　　　10 (12)　　34 (42)
  d. "hesitated in the doorway"　　　56 (169)　141 (374)
                                                            (Yahoo) (2010/3/14)

Yahoo 検索もしてみましたが，似たような数字になりました。(4), (5) の Google 検索の結果と (6), (7) の Yahoo 検索の結果を総合して考えますと，基本的には hesitate と doorway では at よりも in の件数のほうが 4 倍くらい多いということから，in との結びつきが強いのではないかと判断できます。ただ，4.3 節でも指摘したとおり，Google の推定件数と実例件数との間には大きな差があり，推定件数でなく実例件数でするほうがより正確

な数を見ることができるということもわかります。それに対してYahoo 検索のほうはまだその差が少ないといえます。いずれにしても，Google の場合も Yahoo の場合も，考察する場合に参考になるのは実例件数であるといえます。

(8)   BNC   COCA   Bank of English
a. hesitated at the doorway   0   1   0
b. hesitated in the doorway   0   6   3

(9) a. ... a few servants sat yawning by the empty hearth. Jill *hesitated in the doorway* for some moments.

(数人の召使いが何もない暖炉の前であくびをして座っていた。ジルは入口でしばらくためらった)

 b. Mike *hesitated in the doorway* and turned back and walked on toward the chancel.

(マイクは戸口のところでためらい，きびすを返して(教会堂の)内陣のほうに歩いていった)   (BoE)

(10) a. The house was quiet, preternaturally so. The boy *hesitated at the doorway*. "Mom?" No answer.

(家の中は静かで，それも異常なほどだった。少年は戸口でためらった。「お母さん？」返事がなかった)

 b. It was hot and stuffy and Rosalie *hesitated in the doorway* because she thought something was wrong. "I was sleeping," he said, scratching his nipple.

(暑くてむっとしていたので，なにか変だと思ってロザリーは戸口でためらった。彼は乳首をかきながら「寝てたんだ」と言った)

 c. I saw him come in, I saw how he *hesitated in the doorway*, then eased into the room and ...

(私は彼が入ってくるのを見ていた,彼が戸口でどう躊躇し,そろりと部屋に入ってくるのをみていた)　　　　　(COCA)

さらに上の考察が正しいか,前章で紹介した BNC と COCA のコーパスでも調べてみました。また,BNC では 0 件でしたので Bank of English のデータを入れました。ここでも例の数が少ないのですが,in のみが使われていました。

(11) アメリカ　イギリス
a. "hesitated at the doorway for a moment"　　4　　　1
b. "hesitated in the doorway for a moment"　　20　　　5
　　　　　　　　　　　　　　　　　　　　(Google) (2010/3/14)

(9a) でもわかるように,しばらくの間であっても doorway が使われてはいます。そこで,in と at の使用が for a moment など時間的なものに影響されることがあるのではと,その可能性を疑ってみたので (11a, b) を出しましたが,やはり差は同じようにあることがわかります。つまり,doorway そのものがやや広い場所を指すことから基本的には in が普通であり,at が使われるかどうかは話し手や書き手の心理的なもの以外にはないということだと思われます。

次に,appear もしくは stand と at/in the doorway ではどうかを,Google 検索してみました。

(12) 　　　　　　　　　　　　　　site:edu　　site:uk
　a. "appeared at the doorway"　　12 (6,210)　　23 (4,560)
　b. "appeared in the doorway"　　122 (38,400)　143 (25,100)
　c. "stood at the doorway"　　　　40 (14,500)　　50 (12,600)

d.	"stood in the doorway"	373 (39,300)	454 (34,000)
			(Google) (2010/3/14)

		BNC	COCA
e.	appeared at the doorway	1	13
f.	appeared in the doorway	64	154
g.	stood at the doorway	3	16
h.	stood in the doorway	87	366

その結果は (12a-d) のようになっていて, 同じことがいえます。(12e-h) は BNC と COCA の結果で, in となる確率がさらに高いことがわかります。つまり, doorway については (どういう動詞であっても) in が普通であることがこうした検索からわかります。あえていうとするならば, (12a-d) では appear, stand での at と in の差が Google 検索の結果でも 10 倍前後であるのに対し, hesitate では 4 倍前後であるということです。したがって, hesitate のほうが可能性としては in が使われやすいということはいえるのではないかと思われます。

at と in の問題をもう一つ考えたいと思います。小西 (1976: 141) では「*at the beginning of* this month ではまず前置詞は at にきまったようなものだが, これでも in も用いられる」と述べています。このことと関連して, 小西 (1997: 22) ではさらに次のように述べています。

(13) 「週(や月)の初めに」は普通 '*at* the beginning of this week (*or* month)' と訳されるが, 長さが感じられる場合, たとえば「季節(とか年とか世紀)の初めに」は '*in* the beginning of the season (*or* the year *or* the century)' と in が使われる。

(小西 (1997: 22))

小西説が正しいとすると，year, season では in が多くなり，month, week では at が多くなるという結果が出てくることになります。それを Google 検索してみました。

(14)   site:edu   site:uk
a. "at the beginning of the year"   864 (8,270,000)   811 (3,570,000)
b. "in the beginning of the year"   793 (583,000)   264 (114,000)
c. "at the beginning of this year"   707 (2,190,000)   802 (1,830,000)
d. "in the beginning of this year"   64 (125,000)   85 (49,000)
e. "at the beginning of the season"   830 (459,000)   850 (466,000)
f. "in the beginning of the season"   174 (56,300)   72 (18,600)

                                                        (Google) (2009/9/8)

(15)   site:edu   site:uk
a. "at the beginning of the year"   852 (43,000,000)   851 (33,500,000)
b. "in the beginning of the year"   704 (636,000)   266 (105,000)
c. "at the beginning of this year"   611 (12,700,000)   742 (16,100,000)
d. "in the beginning of this year"   59 (169,000)   74 (57,800)
e. "at the beginning of the year there"   89 (344,000)   138 (645,000)
f. "in the beginning of the year there"   15 (44,200)   0

                                                        (Google) (2010/3/14)

ネット検索は例の入れ替わりがあるので，year については半年後との差を比べられるようにしました。すると，推定件数では大きく変化している場合があるのに対して，実例件数のほうは1割程度の差はありますが，それほど大きく変わっていないこともわかります。

(14a, b), (15a, b) の実例件数だけを見て，アメリカ英語では

the beginning of the year では at と in の割合は同じくらいに用いられると判断するのは早計です。つまり，推定件数がかなり違うことから本当は差がかなりあるのですが，推定件数が多すぎるのでどちらの実例件数も近い数になってしまっただけなのです(英語では Google の限界が 900 件くらいのようです)。したがって，(15e, f) のように，さらに検索条件をつけて件数を出して判断するのが望ましいといえます。この場合ではきちんと差が出ることがわかります。

もちろん month, week の場合も，(16a-h) でわかるように，in もありえますが at が普通でした。

(16)　　　　　　　　　　　　　　　　site:edu　　　　site:uk
a. "at the beginning of the month"　　823 (1,160,000)　830 (743,000)
b. "in the beginning of the month"　　73　　　　　　　41
c. "at the beginning of this month"　　132 (21,000)　　776 (304,000)
d. "in the beginning of this month"　　9　　　　　　　21
e. "at the beginning of the week"　　873 (1,650,000)　834 (999,000)
f. "in the beginning of the week"　　82　　　　　　　24
g. "at the beginning of this week"　　93　　　　　　　402 (389,000)
h. "in the beginning of this week"　　10　　　　　　　11

(Google) (2009/9/8)

つまり，この at/in the X of Y という言い方の場合，year とか season など Y の長さではなく X である beginning とのかかわりでのみ選ばれることが多いと考えられ，Y が大きな単位であるから in が用いられやすいとは必ずしも言えないのではないかと推察されます。このことを証明するために，beginning を

middle にかえて検索してみました。

(17) site:edu site:uk
a. "at the middle of the year" 28 17
b. "in the middle of the year" 671 (1,270,000) 611 (1,170,000)
c. "at the middle of this year" 1 6
d. "in the middle of this year" 55 188 (573,000)
e. "at the middle of the month" 27 27
f. "in the middle of the month" 316 (216,000) 598 (237,000)
g. "at the middle of this month" 2 4
h. "in the middle of this month" 23 100

(Google) (2009/9/8)

すると，Y の部分に関係なく middle に幅が感じられるらしく at でなく in が一般的になることが (17) からわかります。こうしたことについても BNC と COCA で確認しました。

(18)	BNC	COCA	Spoken	Newspaper	Academic
a. at the beginning of the year	91	216	(54)	(65)	(43)
b. in the beginning of the year	0	20	(10)	(5)	(5)
c. at the beginning of this year	25	32	(18)	(9)	(2)
d. in the beginning of this year	0	1	(0)	(1)	(0)
e. at the beginning of the month	17	34	(12)	(5)	(3)

f. in the beginning of the month	0	2	(1)	(0)	(0)
g. at the beginning of the week	24	53	(30)	(9)	(4)
h. in the beginning of the week	0	8	(8)	(0)	(0)
i. at the middle of the month	0	1	(1)	(0)	(0)
j. in the middle of the month	9	11	(1)	(1)	(0)

COCA

(18a-j) でもわかるように Google 検索の結果と同じでした。さらに，in の割合について COCA のデータを使用域別に調べてみますと，beginning の場合に in の使用がみられるのは (18b) では会話，新聞，学術論文であり，(18h) では会話のみでした。会話，新聞，学術論文というのはインターネットに情報が反映しやすい分野であることから，Google 検索の (14b)，(15b) で件数がかなり多いということがうなずけます。いずれにしても，うまく利用すれば，Google の実例件数でもどのような前置詞が適切かについての判断ができることがわかります。

5.2. 形容詞の語順

日本語と違って，英語の形容詞の語順はだいたい決まっているといわれています。それが Google 検索でわかるのかを調べてみます。

(19)

det	opinion	size	shape	condition	age	color	origin	noun
an	ugly	big	round	chipped	old	blue	French	vase
	.80	.96	.66	.79	.85	.77	1.0	

(Celce-Murcia and Larsen-Freedman (1999: 394))

たとえば、文法書 Celce-Murcia and Larsen-Freedman (1999: 394) では、先行研究と母語話者の反応を調べた結果、(19) のような順番で用いられると述べています。1.0 なら 100% の確率、0.80 なら 80% の確立でそこにくると予想されるという意味になります。

(20) a. *an American interesting movie
　　 b. *a wooden big bowl
(21) a. these wooden Japanese chests
　　 b. these Japanese wooden chests
　　 c. a large porcelain Chinese vase
　　 d. a large Chinese porcelain vase

(Celce-Murcia and Larsen-Freedman (1999: 395))

したがって、(20a, b) の形容詞の語順はアラビア語では許されるようですが、英語としてはよくない語順ということになります。ただし、すべての形容詞について固定しているというものではありません。また、表 (19) には材料 (material) が入っていないのですが、材料と起源・由来 (origin) を示すものとは順番が定まらないとしており、(21a-d) でわかるようにどちらもありうるようです。

日本人にとってやっかいな形容詞の語順についても，Google検索をしてみるとよくわかります。ただし，名詞を入れると限定されすぎて（検索条件がきつすぎて），検索結果がうまく出ないので，名詞を除いて検索しました。

(22)   site:edu   site:uk
  a. "an interesting American" 39 (640) 73 (682)
  b. "an American interesting" 1   15 (165)
              (Google) (2009/9/9)

(23) A view of what Latin America thinks of the Monroe Doctrine, according to *an American. Interesting*, viewed somewhat skewed. ...
⟨server.res.cmu.edu/www/wiki/play.php?gid=2459⟩
（<u>アメリカ人</u>による，ラテンアメリカがモンロー主義に関してどう思っているかについての見方，いくぶんゆがめられた見方ですが，<u>面白い</u>）

すでに見たように件数比較をすると結果は明らかです。(23)は(22b)のsite:eduで検索された1件の例ですが，二つの文の最後と最初であり，問題にしている例はありませんでした。これはsite:ukで検索した結果についても多くがそうでした。つまり，実例があってもその例が適切かを調べる必要があります。

(24)   site:edu   site:uk
a. "wooden Japanese"   61 (530) 124 (382)
b. "Japanese wooden"   104 (160) 178 (853)
c. "wooden Japanese (doll OR dolls)" 1   20 (211)
d. "Japanese wooden (doll OR dolls)" 4   29 (136)
              (Google) (2009/9/9)

(24a-d) からは，Japanese と wooden ではやや Japanese wooden が優勢かなという感じですが，基本的にはどちらともいえないということもわかります。

　小西(編) (1989: 268) には (25) のような記述がありますが，こうした問題についてもすでに見たように，ネット検索が一番よく答えてくれる問題です。つまり，それなりの件数があるかどうかを見ればよいのです。

(25) 　beautiful は主観的な色合いの強い語なので，同じく主観的な big とはよく共起するが，客観的な large とは一般に共起しにくい [服部, pp. 83-84]: a *beautiful big* picture / ?a *beautiful large* picture. また次のようにしばしば little を伴う: The man carried the *beautiful little* poodle. ― Puzo, *Fools* 夫のほうがそのきれいで可愛いプードルをだいていた / "They have a *beautiful little* girl, four years old." ― Jaffe, *Game*「彼らには4歳になる可愛い女の子がいるわ」. この場合 a *beautiful little* house に代えて ?a *little beautiful* house のように言うのは容認度が低い [Vendler, *Adjectives*, p. 132, p. 122]. なお，他の形容詞との次のような語順にも注意.
a big *beautiful* white wooden house [*a white wooden *beautiful* big house].　　　　　　　　　　(小西(編) (1989: 268))

　まず，(25) で述べられていることが正しいか確かめるために，beautiful と big および large の語順を Google 検索してみます。(26a-d) では picture に修飾する形容詞の語順を調べたものですが，件数としてはより信頼性があると思われる Yahoo でも国を「アメリカ」に指定して検索しました。また，形容詞だけを並べた (27a-d) でも Google 検索しました。

(26)	site:edu	site:uk	Yahoo「アメリカ」
a. "beautiful big picture"	4	6	83 (603)
b. "big beautiful picture"	17 (68)	16 (13,100)	254 (1,290)
c. "beautiful large picture"	2	16 (8,270)	70 (533)
d. "large beautiful picture"	3	10	70 (39,800)

(27)	site:edu	site:uk
a. "beautiful big"	367 (1,150)	762 (12,100)
b. "big beautiful"	858 (3,440)	777 (104,000)
c. "beautiful large"	512 (1,740)	793 (102,000)
d. "large beautiful"	562 (1,770)	791 (12,500)

(28)	site:edu	site:uk	Yahoo「アメリカ」
a. "beautiful little picture"	14 (332)	22 (11,300)	89 (987)
b. "little beautiful picture"	0	2	4
c. "beautiful small picture"	2	5	40 (16,600)
d. "small beautiful picture"	1	0	10

(2009/9/9)

　(26a, b), (27a, b) を見るとまずわかるのは, 表 (19) でいえば beautiful は見解・判断 (opinion), big は大きさ (size) ですからで本来 beautiful big となるべきですが, 逆の big beautiful が優勢であるということです。もちろん, beautiful big もないことはない。したがって, (25) で a beautiful big picture をあげていること自体は間違ってはいないものの, 適切とはいえない

ということです。注意したいのは、(27a-d) の uk のサイト内検索では実例件数がほぼ同じになっています。(15a, b) で考察したように、こうした場合はさらに検索条件をつけ加えて件数を出すのが望ましいといえます。

また、big の反対語の little の場合はというと、(19) の表のとおり、beautiful little の順がむしろ一般的であるということが (28a, b) からわかります。これは、たとえば a little beautiful picture というと「少しの (a little) 美しい絵」という別の意味に一瞬誤解されることを避けるためではないかと思われます。したがって、(25) のこの語順の例文は適切なものといえます。

さらに、beautiful と big よりも客観的な形容詞と考えられる large との組み合わせですが、(25) の説明と違って、beautiful と large が共起するということは十分あることが (26c, d), (27c, d) からわかります。確かに beautiful は主観的な色合いが強いという面もありますが、客観性も備わっているということを示していると思われます。

(29) a. this large, beautiful area
　　 b. the large, beautiful leaf
　　 c. large, beautiful palaces
　　 d. a beautiful, large tree　　　　　　　　　　(*World Book*)

また、衣笠 (2001: 26) で述べたように *World Book* という百科事典では客観的に述べられているためか、beautiful と big の組み合わせはなく、4 例すべてが beautiful と large の組み合わせで、(29a-d) のようになっていました。(29a-d) のうち (29d) だけが語順が違うのはどうしてかということを考えます

と，名詞 tree との結びつきの強さが影響しているような気がします。では，beautiful large が優勢になるのはどういう名詞と結びつく場合かを知るには，実際に検索された文を見てヒントを得ることになります。すると，room, apartment, city などのように大きさとの結びつきの強い語ということだとわかりますので，これを検索したのが (30a-f) です。

(30)
		site:edu	site:uk
a.	"beautiful large room"	14	65
b.	"large beautiful room"	12	30
c.	"beautiful large apartment"	4	32
d.	"large beautiful apartment"	2	16
e.	"beautiful large city"	9	10
f.	"large beautiful city"	7	4

(31)
		site:edu	site:uk
a.	"beautiful big house"	31	58
b.	"big beautiful house"	44	59
c.	"beautiful big garden"	1	48
d.	"big beautiful garden"	14	29

(2009/9/9)

　また，picture ほどには beautiful と結びつきが強くないと思われる house について Google 検索したのが (31a, b) です。すると，予想どおり，だいたいどちらも同じ程度にあるということがわかりました。(31c, d) の garden の場合，広大な庭園があちこちにあるイギリスは，さすがに big garden の結びつきが強いのか beautiful big garden が優勢でした。アメリカは全く逆というのも面白い現象です。

以上のことからわかることは，picture の場合も，big よりも beautiful との結びつきが強いので，a beautiful big picture よりも a big beautiful picture のほうが (19) の原則に反して好まれるということです。したがって，(25) の説明は不十分であると言えます。

こうしたことは Google を使った検索ではそれなりの件数があるので比較しやすいのですが，イギリス英語を対象とした BNC コーパスでもアメリカ英語を対象とした COCA コーパスでも，big beautiful picture と beautiful big picture の例は 0 件でした。しかし，(32a, b), (33a, b) は Google 検索の結果を検証してくれます。

(32) a.　big beautiful 8 / large beautiful 1 / little beautiful 0
　　 b.　beautiful big 7 / beautiful large 2 / beautiful little 32
(BNC)

(33) a.　big beautiful 38 / large beautiful 3 / little beautiful 8
　　 b.　beautiful big 15 / beautiful large 7 / beautiful little 247
(COCA)

COCA コーパスの big beautiful と beautiful big の例を具体的に見ますと，big beautiful women (3), big beautiful eyes (3), big beautiful house (3) というように美しさと結びつきの強い場合には beautiful が後ろにきていて，beautiful big steamboat (1), beautiful big screen (1) というように大きさと結びつきの強い場合には big が後ろにきているということがわかります。

5.3. wait (for) one's turn

『英語教育』2006年1月号のQuestion Box (76-77頁) では，「順番を待つ」意味の英語が『ジーニアス大英和辞典』ではYou must *wait your turn* (順番を待たねばならない) をあげ，wait for your turn とはいわないと書かれているのに，『グランドセンチュリー和英辞典』(第2版)では「太郎押さないで。順番を待ちなさい。Don't push, Taro. Wait (for) your turn」とあり迷っています。どちらが正しいのでしょうかという質問が，両方の辞典の編集者である小西氏になされ，その回答が掲載されています。

この問いに対して，小西氏は『グランドセンチュリー和英辞典』にはインフォーマントの意見もあり，自動詞用法の wait for も併記したと述べ，*Beginner's Dictionary of American English Usage* (NTC 1986) の例をあげています。

(34) Chance to do something in order: *Wait for your turn to see the doctor.*
(順番に物事をすること：先生にみてもらうのは順番です)

また，英米のもっとも信頼できるコーパスに基づいた *The Cambridge Guide to English Usage* (2004) では You'll have to wait your turn. の例をあげてはいるが，wait for one's turn とするほうが wait one's turn というイディオムよりもはるかに多く用いられると結んでいることから，脱イディオム化の傾向を汲み取り，これからは，『グランドセンチュリー和英辞典』(第2版) の記述は wait for [《書・まれ》wait] your turn としたいと思っていると小西氏は述べています。

では wait your turn が本当に今や「まれ」な用法であるか調べるために，まず現在の英英辞典ではどういう例があげられているか見てみましょう。(35b) は『オックスフォード現代英英辞典』，(35c) は『ロングマン米語辞典 (*Longman Dictionary of American English*)』です。

(35) a. *LDOCE*[5] (2009) **9 wait your turn** to stay calm until it is your turn to do something, instead of trying to move ahead of other people （他の人より先に動こうとしないで，自分の順番がくるまでじっと落ち着いていること）: *I've got two hands and there are three of you. So you'll have to wait your turn.* （私には2本しか手がないのに君たちは3人だ。だから順番を待ちなさい）
   b. *OALD*[7] (2005) ⟨wait⟩ [VN] You will just have to **wait your turn** (= wait until your turn comes).
   （自分の番がくるまで待ってください）
   c. *LDAE*[3] (2004) **8 wait your turn** to wait until it is your turn to do something
   （何かをするのに自分の番がくるまで待つこと）

(35a-c) はすべてイギリス系とはいえ，コーパスを使っている英英辞典ですが，いまだに wait your turn の構文のみをあげています。

こういうときにこそ Google 検索が役に立ちます。ただ，すでに触れたように，Google の推定件数だけでは，特に数が多いときは信用できませんので，実例件数とあわせて比較する必要があります。したがって，件数があまりふえないように have to をつけた形でも検索しました。Yahoo の推定件数はある程度信

頼性がありますので、Yahoo でも念のために調べてみました。

(36)　　Google　　　　　　　　site:edu　　site:uk　　site:ac.uk
a. "wait your turn"　　　　　　390 (1,120)　645 (3,880)　82 (99)
b. "wait for your turn"　　　　 84 (9,860)　 155 (25,300)　12 (283)
c. "have to wait your turn"　　 52 (831)　　 142 (7,350)　 16 (129)
d. "have to wait for your turn" 8　　　　　　25 (26,000)　 4
(37)　　Yahoo　　　　　　　　　「アメリカ」　　　「イギリス」
a. "wait your turn"　　　　　　1,000 (1,100,000)　1,000 (71,800)
b. "wait for your turn"　　　　 1,000 (92,300)　　 1,000 (10,300)

(2010/3/16)

これらのことからわかるのは、wait for your turn という言い方も使われてきてはいるかもしれないが、wait your turn がすでに「まれ」であると結論はできないということがわかります。こうしたことは、英語の母語話者でないとなかなか判断がむずかしいといえますが、Google 検索などを行えば、母語話者でなくても、ある程度判断できることがわかります。

ちなみに、BNC などのサイトでも検索してみました。

(38)　　　　　　　 BNC　*Guardian*　*Times*　COCA　*NY Times*　*Seattle Times*
a. wait your turn　 5　　 25　　　　21　　　 40　　 54 (blog 22)　52
b. wait for your turn　0　3　　　　 0　　　　1　　　5 (blog 3)　　6

(2010/3/15)

(39)　I wouldn't be surprised if the guy had some of his people go out and take someone else's liver for him. Maybe 20 people's livers, then check if one of them is a match. If you're the John Gotti of Japan, would you meekly sit around and *wait for your turn*? — Nik

(*New York Times*, 4. November 6, 2009)

(そいつが部下を出向かせて誰かの肝臓を取ってこさせても驚かない。20人分くらいの肝臓があるだろうし，どれが合うか調べるんだ。もしあなたが日本のジョン・ゴッティ（マフィアのボス）ならおとなしく座って，自分の番を待ったりしますか——ニック)

2010年3月15日現在 *the New York Times*（米）(2000年以降分に限定), *the Seattle Times*（米), *The Times*（英), *the Guardian*（英）ではダブルクォーテーション（" "）を用いた記事検索ができるようになっています。こうしたものでも検索してみましたが，wait for your turn の例はわずかでした。*the New York Times* には計5件だけありましたが，うち3例が(39)のような，読者の記事に対するコメントでした。(wait your turn も基本的に口語ですが) こうした記事を見る限り，wait for your turn も非常に口語的であると判断できます。いずれにしても，(36)-(38)のデータから，辞書で wait your turn を「まれ」と記するのは早計ではないかと思われます。

5.4. 過去の行為を示す could

次に，過去の行為を示す could について考えてみます。これまで could は「過去1回限りの行為を表す場合には用いられない」という見方がされてきました。この理由は仮定法を表す could との混同を避けるということではないかと思われます。

たとえば，*Cambridge Grammar of English*（2006: 644）では，実際に行為が達成されたという過去の肯定文では(40b)で

なく，(40a) が選ばれると述べています。もちろん否定文なら達成されなかったことになるので，その場合は couldn't でも weren't able to でも問題はありません。

(40) a. The thieves escaped but the police *were able to* arrest them later that evening.
   （泥棒たちが逃亡したが，その晩遅く警察は逮捕することができた）
   b. *The thieves escaped but the police *could* arrest them later that evening.

   (*Cambridge Grammar of English* 2006: 644)

柏野 (2002: 38-59) では，こうしたこれまで言われてきた「(肯定文の) 1 回限りの行為を表す場合には could は用いられない」とする説明，および Palmer (1980) の「出来事が起こらなかった場合だけでなく，困難な状況のもとで出来事が起こった場合，つまり'起こらなかったも同然'という含みがある場合にも could は使える」という説明では不十分であると述べ，(41) のような一定の条件を満たせば用いられることがあるという説を述べています。

(41)   could は好条件か悪条件のいずれか一方，あるいは両者が文中に示されていれば「過去一回限りの行為」を表す場合に使うことができる。その場合，何かが達成したことに対する状況を，理由という形で明示あるいは暗示していなければならない。

また，好条件には二つのタイプがあり，一つは (42a, b) の「枝

が垂れ下がっていた」「戸が開いていた」のように偶発的に生じているものと，(43a, b) の「椅子の上に乗る」「メガネを調節する」のように意識的に作り上げていくものがあると述べています。

(42) a. I *could* reach the branch because it was loaded down.
(たわわに実り垂れ下がっていたので枝に手が届いた)

(Palmer (1979))

b. I *could* get in, because the door was open.
(戸が開いていたので中に入れた)　　(Palmer (1980))

(43) a. The ceiling was very high, but by standing on a chair I *could reach it.*
(天井はとても高かったが，椅子の上に乗ったので届いた)

b. Yesterday I *could* read that book in two hours because my glasses had been properly adjusted; the day before it would have been impossible.
(昨日はめがねをきちんと調整していたので，2時間であの本を読めた。前日だったら不可能だっただろう)

そして，堀内・ジョンソン (1988) では，(44a) はアメリカ英語では容認可能で，イギリス英語では could ではなく，were able to を使うということになる。さらに，堀内・ジョンソン (1993) は「could は『予想に反して』という言外の意味を持つ」とし，(44b) はアメリカ英語では認められると述べているが，柏野 (2002) は，この見方に対して，たとえば (45) はアメリカ人のものであるが，アステリスクがつけられていることなどをあげて，「この問題は単に英米差ということでは決着がつかないように思われる」と否定しています。

(44) a.　I'm glad you *could* come.　　　（堀内・ジョンソン (1988)）
　　 b.　I *could* pass the driving test.　（堀内・ジョンソン (1993)）
(45)　*I *could* get there by 5:00 yesterday.　　　（Jenkins (1972)）

　(44a) が現在アメリカ英語であるかどうかを，また使用されている表現であるかを Google 検索で調べてみます。

(46)　　　　　　　　　　　　　　　　　site:edu　　site:uk
a.　"I'm glad you could come"　　　　19 (6,700)　14 (4,670)
b.　"I'm glad you were able to come"　　5　　　　　1
c.　"I'm glad you could make it"　　　15 (10,200)　15 (6,740)
d.　"I'm glad you were able to make it"　3　　　　　1
e.　"I'm glad you could"　　　　　　　58 (46,400)　53
f.　"I'm glad you were able to"　　　　47 (11,400)　80 (7,850)
　　　　　　　　　　　　　　　　　　　(Google) (2009/9/9)

　(46a, c) の件数をみるとわかるように，(44a) の表現は決まった言い方であるためか，アメリカ英語だけでなくイギリス英語でもよく使われていることがわかります。come でなく make it の場合にも同じことが言えます。つまり，come とか make it の場合は，「よく来た」「よくやった」というように（理由はともかく）「労をねぎらう」という意味があるために使えるのではないかと思います。したがって，そういうニュアンスのない (45) が言えないのは当然であると思われます。(44b) について，堀内・ジョンソン (1993) は「could は『予想に反して』という言外の意味を持つ」としているのも，それに通じるものがあると思われます。

　柏野 (2002) の提案する (41) は一見問題がないように思えますが，(46a, c) が可能なことをふまえると，まだ不十分な面が

あるのではと思えてきます。そこで，Google 検索をして，これらの点を検証してみることにします。Google 検索した結果を見ていきますと，意外に fortunately（運よく）といった語とも結びつくことが例を見ていくとわかります。これまではこうしたことはおもに母語話者の直感に頼るしかありませんでしたが，Google 検索では多くの実例を見ることができるので，そこからヒントを得ることができます。(48a-c) が (47a) からの例であり，(49a, b) が (47c) からの例です。

(47) a. "fortunately I could" site:edu　　　　72 (57,900)
　　 b. "fortunately I was able to" site:edu　421 (36,800)
　　 c. "fortunately I could" site:uk　　　　114 (112,000)
　　 d. "fortunately I was able to" site:uk　 471 (42,400)

(2009/9/9)

(48) a. Daring pioneer I waded across the river. It got a few inches deeper than expected and reached the level of my pack, at which point the increased cross-section caused me to lose my footing and start floating down the river. **Fortunately I could** get past this deepest part by bouncing off the bottom ...

⟨alumni.caltech.edu/-rbell/BigBend.html.gz⟩

(大胆を旨とする私は川を歩いて渡った。予想したより 2, 3 インチ深くなり，私のリュックのところまで水が達したと思ったらそこで断面が大きくなって私は足場を失い，川に流され始めた。幸運にも，私はこの最も深い部分を，川底をはねるようにして進んでなんとか渡ることができた…)

　　 b. He asked if I knew the music in the Methodist Hymnal.

I said I did. He then picked out a piece I had never seen nor heard before and asked me to sing it. **Fortunately I could** sight read very well.

〈www2.ups.edu/arches/.../featureAdelphians.html〉

(彼は私にメソジスト聖歌集の楽曲を知っているかと尋ねた。私は知っていると答えた。それで彼は私が以前見たことも聞いたこともなかった曲の楽譜を取りあげて「歌って」と言った。幸運にも私は初見でうまく歌うことができた)

c. Sent to Rutgers University in New Jersey, Liu experienced cultural shock. "It was like a movie," he recalls. "It didn't feel real."

Language turned out to be the highest barrier. "**Fortunately I could** get by with understanding formulas and equations," he says.

〈www.news.harvard.edu/gazette/.../03-mathematics.html〉

(ニュージャージー州のラトガース大学に行かされたリューはカルチャーショックをうけた。「それは映画のようで現実とは思えなかった」と当時を振り返って言います。ことばが一番の障壁だとわかったのでした。「幸運にも公式や方程式を理解して授業をこなせた」と彼は言います)　　　　(2009/9/9)

(48a)では、「足場を失い、川に流され始めた」という悪条件があるものの、「川底をはねるように進むことによって」というのがうまくいった理由を示すかもしれません。(48b)では「一度も見たことがなかった楽譜」というのは悪条件ですが、それを克服できた理由がないからこそ、「幸運にも」となっていることがわかります。(48c)では「ことばが一番の障壁だ」というのが悪条

件ですが「公式や方程式を理解して」というのも理由といえるか
もしれません。

(49) a. To become a teacher, I needed GCSEs in English and Maths. **Fortunately, I could** do these as part of the Access to HE course.
⟨http://www.accesstohe.ac.uk/home/publications/caseStudies/IanWebber.asp⟩
(先生になるには英語と数学のGCSE（一般中等教育修了証）が必要でしたが，幸運にも大学進学準備課程のクラスでこれらをもらうことができた)

b. Like a big cat, the XK sprung into action and the supercharged engine roared so ferociously that I couldn't hear a thing! **Fortunately I could** just make out the instructions from my passenger (mostly 'Brake!) which I dutifully followed.
⟨katie.nicholl.mailonsunday.co.uk/2008/08/index.html⟩
(XK車は大きなトラのように素早く動き出し過給エンジンがけたたましいうなり音をあげたので，私には何も聞こえなかった。幸運にも同乗者の指示（ほとんどが「ブレーキ！」）だけは何とか聞こえ，それには従順に従った)　　　　　(2009/9/9)

(49a)では「英語と数学のGCSE（一般中等教育修了証）が必要であった」ことが悪条件ですが，「大学進学準備課程のクラスでもらうことができた」というのは単なる結果であり，理由ではないように思われます。(49b)では「エンジンの音があまりにうるさくて声が聞こえなかった」というのが悪条件ですが，「同乗者の指示がなんとか聞こえた」のも結果であり，理由ではありませ

ん。

　Google 検索した結果の実例をそれなりに信用できるものとして考えると，(48b), (49a, b) では困難な状況はありますが，それを乗り越えるための理由はありません。だからこそ「幸運にも」であるといえます。したがって，could が使える条件としては困難な状況は必ずしも必要はなく，ただ困難な条件が明示されているか暗示させてくれればいいわけで，could が用いられる条件としては，(41) は (50) のように修正すべきではないかと思われます。

(50) could は何かが達成する前の達成困難な状況が明示されているか，もしくは暗に理解されておれば「過去一回限りの行為」を表す場合に使うことができる。

つまり，Palmer (1980) の「出来事が起こらなかった場合だけでなく，困難な状況のもとで出来事が起こった<u>場合，つまり '起こらなかったも同然'</u> という含みがある場合には could は使える」の下線部が余計であったといえます。

　(46a, c) の「よく来た」「よくやった」という例がありうるのは「達成困難な状況を暗に理解している」場合と説明できますが，(41) では説明できないと思えます。

(51) a. Soapy *could* go into it (i.e. restaurant) without being stopped though he was wearing his old clothes and shoes.　　　　(C. Hotze, *The Cop and the Anthem*)
 (ソウピーは古い服を着て古い靴をはいていたにもかかわらず，止められることなくレストランに入ることができた)
　b. Mr. and Mrs. Hodge were very surprised when they

heard this. They went up to the stall, which was surrounded by a lot of curious people, and when he *could* get to the front of the crowd, Mr. Hodge said to the boy behind the counter quietly, "Is he really three hundred?" (L. A. Hill, *Twenty Tales*)
(ホッジ夫妻はこのことを聞いてとても驚いた。2人は屋台に近づいて行きましたが、たくさんのやじ馬が取り囲んでいた。ようやくホッジ氏が群集の先頭にたどり着くと、カウンターの後ろにいる少年にそっと尋ねた。「彼は本当に300歳なのか」)

また、柏野 (2002) は (51a) の「古い服をきて古いくつをはいていたにもかかわらず止められることもなくレストランに入ることができた」理由として、たとえば because no one was looking (だれも見ていなかったので) を続けることができると英米人のインフォーマントは言うとしていますが、達成困難な条件が明示されているので、あえて理由を考える必要はないといえます。(51b) でも「多くのやじ馬が取り囲んでいる屋台に近づくことができた」では、そのあとに because he pushed his way through (押しのけて進んだので) などを補うことができるとインフォーマントは言うと述べていますが、「多くの人が取り囲んでいる」という、接近が容易でない条件があることだけで十分であるといえます。また、Palmer (1979) の例 (52) を、柏野 (2002) は「情報不足のため状況を読み込めない」として容認しないインフォーマントもいると述べています。つまり、(52) は好条件が明示されていないから容認されにくいという説明をしています。

(52) I *could* just reach the branch. (Palmer (1979))
(私は何とか枝に手が届いた)

しかし，(50) の説でも，(49b) と同じ just を含む例ですから問題がありません。つまり，just があることで「達成困難な状況」が暗示されていると思える人にとっては可能な文となるからです。

このように Google を用いた検索は，インフォーマントに代わって，手軽に語法研究についてのヒントを与えてくれます。もちろん，インターネット検索は信頼性に欠ける部分があるので，研究とするならば，実際に英米人のインフォーマントに聞くなりして例文が容認できるかどうか確かめる作業であるとか，小説や信頼できるコーパスでさらに検証する必要がありますが，個人的に英文を書く際の参考程度であるならば，Google 検索の結果だけでも十分であるといえます。

また，BNC コーパスや Bank of English コーパスなどにも，この 1 回限りの達成の意味の Fortunately I could の例はありませんでした。いかに Web が強力なコーパスになりうるかがわかります。

5.5. 分詞構文について

大江 (1983: 225) は，分詞構文は，従属節にパラフレーズされるような用法のほかに，「継起」を表すもの，日本語で「...ながら」と訳されるような「同時生起」を表すものがあるとし，「継起」の例として (53) をあげて，同じ継起的出来事が，分詞構文を用いて (54a–c) のように三とおりに言い表せるとしています。そして，「分詞句にされたものは完全な節にくらべて軽く，完全な節，主文をもりたてきわ立たせる働きをするいわば背景 (background)の働きをしている。もりたてられる主文の内容はこれに対して前景 (foreground) と呼ばれよう」と述べています。

(53) John took out a cigarette, lighted it, and smoked quietly.
(54) a. John, taking out a cigarette, lighted it and smoked quietly.
  b. John took out a cigarette and, lighting it, (he) smoked quietly.
  c. John took out a cigarette and lighted it, smoking quietly.
(55) a. "took out a * and lit it smoking"
                                    (Google「アメリカ合衆国」)
  b. Zira took out a cigarette and lit it, smoking lazily.
    〈forum.fanfiction.net/topic/33066/2286499/27/〉
    (ジラはタバコをとりだすと火をつけ、ゆっくりとタバコを吸った)
(56) a. "taking out a * * lit it"   (Yahoo「アメリカ」)
  b. Taking out a cigarette, he lit it with a match and began smoking.
    〈www.fanfiction.net/s/3390341/1/Naruto_Trail_Of_Freedom〉
    (彼はタバコをとりだすとマッチで火をつけ、タバコを吸い始めた)
(57) a. "took out a * lighting it"   (Yahoo「アメリカ」)
  b. … she took out a cigarette lighting it, she took a puff and laid back …
    〈www.ultimatedallas.com/fiction/season1/11.htm〉
    (彼女はタバコを取り出すと火をつけ、タバコをくゆらせてくつろいだ)
  c. He took out a cigar, lighting it up and smoking.

⟨www.deco.franken.de/stories/worlds.txt⟩
(彼は葉巻を取り出し，火をつけて吸った)　　　　　(2010/3/16)

　こうした例をネット検索で見つけるのはなかなか困難といえますが，そうするには (55a), (56a), (57a) のようにし，検索された例から目的に合った例を探していくしかありません。(55b), (56b), (57b) がその例です。(55a) や (56a) と違って (57a) では 1 例だけ (54b) と同じ型の例が見つかりました (and を入れた場合は 0 件でした) が，ほかの多くの例は (57c) のように二つの分詞が続く例になっていることから，この型の使用は実際には珍しいことが Google 検索や Yahoo 検索でわかります。

(58)　a.　He sat there(,) watching TV.
　　　b.　He watched TV(,) sitting there.　　　(大江 (1982: 226))

　さらに，大江 (1983: 225–226) では，同時生起を表す分詞構文としては (58a, b) のようなものがあるとし，分詞句はふつう文尾にくるとしています。(58a) と (58b) は，描かれる二つの同時生起的出来事は同じだが，その違いはいずれに重きを置くか，つまりいずれを前景として表現しようとするかという話し手の意図の違いに起因すると述べていて，彼の説明からはどちらの文も可能と受け取れます。

(59)　a.　"It sounds awful," he said, *watching* her with interest.
　　　　　(「ひどい話だね」と興味をもって彼女を眺めながら言った)
　　　b.　"I don't want you to," he said sadly, *watching* her dress after he showered with her in his tiny bathroom.
　　　　　(「行ってほしくないな」と小さな浴室で彼女とシャワーを浴び

たあと彼女が服を着るのを見ながら彼は寂しそうに言った)

c. "I'm afraid so," he said, *sitting in a chair*, and stretching his long legs out before him. (D. Steel, *The Ranch*)
(「そのようだね」と彼は椅子に座って言い，長い脚を前に投げ出した)

しかし，衣笠 (2008: 44) で「後置される分詞構文は言葉を発した時であれば，その時の顔の表情，声の調子，しぐさ，視線などを示すことがわかる」と述べました。watch が用いられた例としては (59a, b) をあげることができますし，sit をしぐさと考えれば (59c) となります。これは発言がいわゆる「前景」となりやすいからといえます。また，衣笠 (2008: 45) では「主節が『状態』で，分詞構文が後続するときは，主節の補足説明をしており，ある意味で付帯状況的ともいえる」と述べました。sit と watch では状態性はどちらが強いかということになると sit といえますので，大江 (1982) の説明と違い，(58a) がふつうではないかという疑問がわきます。

こうした場合にも Google 検索が役に立ちます。主語は排除して (60a-f) のようにして検索してみました。

(60)		site:edu	site:uk
a.	"sat * watching TV"	25 (42,500)	156 (111,000)
b.	"watched TV, sitting"	1	6
c.	"stood * watching TV"	0	3
d.	"watched TV standing"	0	2
e.	"lay * watching"	6	20 (44,800)
f.	"watched TV lying"	0	2

(Google) (2010/3/16)

(61) a. She **watched TV** sitting sideways to make use of the slight bit of peripheral vision remaining in one eye.
⟨list.uvm.edu/cgi-bin/wa?A2=ind9912D&L⟩
(彼女は,片目に残っているわずかな周辺視力を利用するために横向きに座ってテレビを見ました)

b. The evening before i **watched tv** standing up! I was too uncomfortable sitting down, ...
⟨www.hitched.co.uk/Chat/forums/p/48026/477783.aspx⟩
(前の晩には私は立ってテレビを見ました。座っているのがあまりに心地悪かったからです)

c. She loves standing nowdays (she **watched TV** standing up, just lightly touching the sofa for support!)
⟨community.babycentre.co.uk/post/a4572265/still_not_walking?cpg⟩
(彼女は近頃立っているのが大好きです(支えにソファーにちょっと軽くふれながら,テレビを立って見ました))

d. My ex used to have back problems, could not sit in a chair, read books and **watched tv** lying on his front on the floor, at my recommendation, ...
⟨www.digitalspy.co.uk/forums/showthread.php?p=5454398⟩
(元夫は腰痛で,椅子に座って本を読んだりできなかったので,私の勧めで床にうつ伏せになってテレビを見ていました)

(2010/3/16)

(60a, b) からは,やはり (58a) の型のほうがふつうに用いられることがわかります。ではどういうときに (58b) の型が用いられるのか,stand, lie の例もあわせて見てみました。すると,(61a) では目が不自由になった人が必死に見ようと「座り方」を

工夫したときですし，(61b, c) でも「立って見る」ことに焦点がある場合，(61d) は「うつ伏せになる」ことに意味がある例です。ということは，大江 (1982) が述べている「分詞化されたものは完全な節にくらべて軽く」ということは普通の場合であって，むしろこの場合，分詞化されたものが重い意味を担っているからこそ，この型をとっているということがわかります。

(62) a. "watched * sitting there"　site:edu　　6件
　　 b. "watched * sitting there"　site:uk　　6件

(63) a. She **watched him** *sitting there* holding his rod.
　　　　〈contentdm.lib.byu.edu/ETD/image/etd2308.pdf〉
　　　　(彼女は彼がさおを握ってそこに座っているのを見ていました)

　　 b. He saw me staring at him and **watched me** *sitting there*.
　　　　〈scholarworks.umass.edu/cgi/viewcontent.cgi?article=1177&context〉
　　　　(彼は私が彼を見つめているのを見，私がそこに座っているのを見つめていました)

　　 c. I **looked at my little girl** *sitting happily in the bath* ...
　　　　〈www.timesonline.co.uk/tol/life_and_style/.../article5092376.ece〉
　　　　(私は娘が幸せそうにお風呂に入っているのを見た)

(2010/3/16)

watch の目的語が TV という限定をやめ，(62a, b) で検索すると，(60a) よりも例が増えましたが，例はすべて，(63a, b) からもわかるように，watch＋目的語（人）＋doing という構文であり，いわゆる分詞構文ではありません。この構文は (63c) でもわかるように，look at の場合にも一般に見られる構文です。

では，(58b) の型を主にとる動詞はというと，(64a, b), (65a, b) でもわかるように，特に say の場合が当てはまります。speak の場合も少しはあることがわかります。衣笠 (2008) で述べたように，言葉を発したときは，それが大江 (1982) のいう前景になりやすいからです。しかし，(66a-c) でわかるように動詞 eat ではやはり (58a) の型が優勢でした。

(64)		site:edu	site:uk
a.	"(he OR she) said * sitting"	169 (3,180)	122 (6,550)
b.	"(he OR she) sat * saying"	19 (325,000)	37 (211,000)
(65)			
a.	"spoke sitting"	15	24 (76)
b.	"sat speaking"	22	52 (145)
(66)			
a.	"(he OR she) ate * sitting"	1	2
b.	"(he OR she) sat * eating"	27 (117,000)	50 (89,100)
c.	"(he OR she) sat eating"	18 (309)	49 (372)
			(2010/3/16)

Google 検索の結果が正しいのか，BYU-BNC コーパスと COCA コーパスでも確かめたのが (67a-j) です。

(67)		BNC	COCA
a.	sat watching	46	86
b.	sat there watching	6	17
c.	watched sitting	0	0
d.	watched * sitting	1	10
e.	sat saying	2	1
f.	sat there saying	0	3

g.	said, sitting	53	267
h.	said sitting	1	2
i.	sat eating	9	26
j.	ate * sitting	2	2

(68) On the nine o'clock news she **watched Alan** *sitting* in bed, wearing striped pyjamas. (BNC)
(9時のニュースで，彼女はアランがしま模様のパジャマを着てベッドに座っているのを見ました)

(67d) では，he had watched while sitting on my lap (私のひざに座りながら彼が見ていた) という while が間にきている例を除くと，残りの例すべてが (63a, b) と同じく watch + 目的語 (人) + doing という構文であり，(68) が BNC の例です。

したがって，Google の結果と BNC, COCA といったコーパスの結果とは相関性があるといえます。そして，同時性を示す例として (58a, b) の例をあげるのは，(58b) があまり用いられる例ではないということから，適切な例ではないように思えます。

5.6. after 節の検索

Swan (2005: 28) は，(69a, b) の場合ともに「話者が学校を卒業したあと，アメリカに行った」という意味であると述べ，(69b) のほうが after 節に力点が置かれているという違いがあるとのみ述べています。

(69) a. *After* I left school, I went to America.
b. I went to America *after* I left school. (Swan (2005: 28))

この二つの after 節にもう少しわかりやすい違いはないかを調べるために，Google 検索を使ってみたいと思います。

(70) a. "after I left school, I went to"　site:edu　　2
　　 b. "after I left school, I went to"　site:uk　　25 (13,800)
　　　　　　　　　　　　　　　　　　　　　　　(2009/10/30)

(71) And *after I left school*, I went to work in Manchester and was training to be a buyer for wholesale children's wear.
　　　⟨web.njit.edu/~elliot/mcgahhey/codes.doc⟩
　　　(そして卒業後はマンチェスターに働きに行き，子供服の卸の仕入れ係となる訓練を積みました)

(70a) では 2 件ありましたが，どちらも同じ (71) の例でした。したがって，(70b) と比較すると件数に大きな差があります。これは「卒業する」という意味で leave school を使うのは英国語法であることを示しています。したがって，便宜上，site:uk のみで検索していくことにします。

(72) a. *After I left school* I went to college for two years and became a qualified chef.
　　　⟨www.emmaus.org.uk/stories⟩
　　　(卒業後は 2 年間専門学校に行き，資格をもったシェフになった)

　　 b. He was born on September 11th, 1957, in Wandsworth, South London. His education was at Highgate School and he showed a tendency towards being good at sport.
　　　(中略)

　　　After I left school I went to work for my father's clothing store.

⟨www.culture-club.co.uk/content/biog_jon_text.htm⟩

(彼は1957年9月11日にロンドン南部のワンズワースに生まれた。学校はハイゲート校でスポーツが得意な感じでした。(中略)卒業後は父の衣料品店に勤めた)

c. I confined drinking to weekends, and drank normally in college, and for several years thereafter. *After I left school*, I went to work in Akron, living at home with my parents.

⟨www.alcoholics-anonymous.org.uk/BigBook/pdf/pioneers8.pdf⟩

(酒を飲むのは週末だけに限定し,通例は大学でお酒を飲んだ。その後数年間そうでした。卒業後はアクロンで仕事につき,両親と実家で暮らした)

d. *After I left school*, I went to America for a year and she used to get in touch with me through Facebook to ask how I'd got a visa because she wanted one.

⟨http://www.thisisstaffordshire.co.uk/bb2009/Tears-bedtime-Big-Brother/article-1058951-detail/article.html⟩

(卒業後は1年間アメリカに行って暮らしたが,彼女は(ソーシャルネットワークサービスの) Facebook を通じて私と連絡をとっていて,ビザがほしいのだがどうしてとったのと聞いてきた)

e. But I couldn't face more academic pressure and decided against going to school. *After I left school* I went to stay with my parents who were living abroad at the time.

⟨http://www.dailymail.co.uk/health/article-158198/How-Imbeating-bulimia-womans-story.html〉

(しかし,さらに勉強をしなくてはいけないというプレッシャーに耐えかねて,学校に行くのをやめる決心をした。卒業後は当時外国に住んでいた両親のところに行って暮らした)

(73) 卒業した後は,進学するか,仕事につくか,住まいを移すかという行動をするのが一般的である。

(70b) で検索すると,(その日の学校が終わった後の例を除くと) 卒業後の例は全部で 25 例あり,(72a-e) がそのうちの 5 例です。これら 25 例は「専門学校などに進学する」,「仕事につく」,「外国に行って住んだ」,「ある町に住まいを移した」,「両親の家に移り住んだ」という意味に集約されました。また,これらはすべてその人の経歴を紹介しているところで使われていることからも,この構文は (73) を反映していて,時の流れにそった,社会生活上のごく自然な流れを示しているということになります。

(74) *After she left school* <u>she came to London from her home in Yorkshire in order to attend a secretarial college</u>, but abandoned that and enrolled with a secretarial agency. She spent a year working for the writer Charles Morgan, but all the time her real purpose was somehow to work with Eliot himself. (BNC)

(彼女は卒業後秘書の専門学校に通うためにヨークシャーの実家からロンドンにやってきたが,それをやめて秘書の斡旋所に登録した。作家チャールズ・モーガンのところで 1 年間働いたが,その間もずっと彼女の本当の目的は何とかしてエリオット自身のところで働くことでした)

BNCコーパスでは前置の例は (74) の一つだけですが、この例でもエリオットにあこがれ、秘書の専門学校に行くためにロンドンにやってきた彼女の経歴を示しており、(73) を反映した例といえます。

次に after が後置している場合はどういう意味になっているかを調べるために、(75) として Google 検索しますと、(76a-d) のような例がありました。

(75) "I went to * after I left school"　site:uk　10　(2009/10/30)
(76) a. What made you choose an apprenticeship?

It took a while for me to decide, I went to college _after I left school_ but it wasn't for me. I was working at a fast food restaurant at the same time and I found that working interfered with my studying, ...

⟨www.citytraining.org.uk/case_studies.php⟩

(どうしてあなたは見習いになりましたか？―決心するまでにはしばらく時間がかかりました。学校を卒業後、私は大学へ行くには行きましたが、それは私に向いていなかった。私は、同時にファストフード店で働いていましたが、仕事が私の勉学の妨げになることがわかった)

b. Work―I didn't have a choice of what to do when I left school. It was a case of getting money. I liked it, I didn't know anything else. I went to work at Walkden _after I left school_ with Auntie Martha, at Howarth's Mill.

⟨www.boltonrevisited.org.uk/s-catherine-walton.html⟩

(仕事――学校を卒業するとき、私には仕事を選択する余地があ

りませんでした。それはお金をかせぐことでした。私はそれが好きであり,ほかに何も知りませんでした。ワークデンに働きに行くようになったのは,マーサ先生の学校を出てからでした。職場はホワースミルでした)

c. ― After leaving school, what training did you take?
I went to Art College *after I left ballet school* and did a Performing Arts BETEC.
〈http://www.sheffieldtheatres.co.uk/creativedevelopmentprogramme/productions/Amadeus/briandick.shtml〉
(卒業後はどういう訓練を受けましたか?――芸術学校に行ったのはバレー学校を卒業してからです。そして BETEC コースの舞台芸術を勉強しました)

d. Gerrard's fitness could easily have earned him a place in the professional game. "I went to college in the United States *after I left school*, intending to do a soccer scholarship," he says.
〈http://www.timesonline.co.uk/tol/sport/football/scotland/article726290.ece〉
(ジェラードほどの運動能力があれば容易にプロのチームに入れたでしょうに。「サッカーの奨学金をもらうために卒業後は合衆国の大学へ行きました」と彼は言った)

(77) a. その進路をとるようになったのはいつからかを説明する場合

b. 卒業後の進路としてどういう選択をしたか(してしまったか)を説明する場合

すると,この場合も卒業後の進学もしくは仕事につくという話ですが,(76a)ではどうして(ある職業)の見習いになったのかに

対する質問で,迷ったが卒業後は進学の道を選んでしまった。しかし僕には向いていなかったと続いています。(76b) は働くようになった時期を説明するところです。(76c) も卒業後,どういう訓練を受けたかという問いの文に対する答えで,その道を進むようになったのはバレー学校卒業後であると説明しています。(76d) は,プロの選手に簡単になれたのに,どうして大学に進学してしまったのかを説明しています。つまり,after 節が後置した場合は,(その人の入学以前からの経歴を含めて尋ねているのではなく)単に「卒業後の進路としてどういう選択をしたか・してしまったか」もしくは「その進路をとるようになったのはいつからか」を説明するところで使われています。したがって,(77a, b) のようにまとめられると考えられます。

さらに,主節の特徴をみるには (77a-d) では少ないと思えますので,went to を除いて,(78) のように単に I だけ指定して検索します。

(78) "I * after I left school" site:uk 138 (40,300) (2009/10/30)
(79) a. My name is Rachael Johnson. I started hairdressing *after I left school* in 1986 with a YTS Scheme apprenticeship at my local salon, ...
⟨www.mobilehairdressing.org.uk/Aboutus.html⟩
(私の名前はレーチェル・ジョンソンです。1986 年に卒業後,地元の美容院の若者向け訓練コースの見習いで美容師を始めました)
   b. When did you start writing?
It sounds clichéd to say I've always written, but I have such vivid memories of being twelve and sitting up in

bed writing in my notebook.　I studied journalism *after I left school* and got a job in a newspaper, where I stayed for fourteen years.

〈http://www.amazon.co.uk/Once-Lifetime-Cathy-Kelly/dp/product-description/0007240414〉

(あなたはいつから物書きを始めましたか？　私はすでにいつも書き物をしていたと言うとありきたりに聞こえるでしょうが，12歳のときにベッドの上で起きてノートに書き物をしていたというとても鮮明な記憶がある。ジャーナリズムを勉強したのは卒業してからで，新聞社に職を得て14年間そこにいました)

c.　School didn't encourage me to learn the subjects which I loved the most, but I found that I could actually enjoy studying *after I left school*.　I also studied at College in Alberta, Canada in the 1980's and that was another wonderful experience, as a mature student.

〈www.sagazone.co.uk/forums/post/2719806/〉

(学校は，私が最も好きだった科目を学ぶように励ましてくれませんでしたが，卒業後に，本当は勉強が楽しいものだと知りました。それで，私は1980年代にカナダのアルバータ州の大学でも勉強しましたが，それは成人学生として，また別の素晴らしい経験でした)

d.　Sadly I didn't know Geoff *after I left school* (Harrow County) although we did meet up at a reunion a few years ago — he also knew my older brother Brian well.

〈http://www.lastingtribute.co.uk/tribute/perkins/2893381/Memories〉

(数年前の同窓会でばったり会いはしましたが，残念ながら

(ハロー県の) 学校卒業後はジェフのことは知らなかった。彼はぼくの兄のブライアンのこともよく知っていた)

e. 'School dinners were terrible. <u>It took me years before I could eat cabbage</u> *after I left school*, because when they took the lid off the stainless steel containers the smell of the cabbage was nauseating.'
〈www.aquarterof.co.uk/50s-food.php〉
(学校給食はひどかったです。卒業後，何年もかかって私はようやくキャベツを食べることができるようになりました。だって，ステンレス容器のふたを取るとキャベツのにおいで吐き気がしたんですから)

(80) a. その進路をとるようになったのはいつからかを説明する場合
 b. 卒業後に起こった出来事を説明する場合

　(79a) は，自分の経歴紹介のサイトですが，幼いころからの経歴ではなく，単に美容業を始めた時期がいつからかを紹介しています。(79b) も経歴を説明しているところで，ジャーナリズムを勉強した時期を述べていて，これらは (80a) であることがわかります。これらに対して (79c) は「自分は本当は勉強が好きなんだということを知ったのは卒業してからであった」，(79d) は有名人になったジェフについて述べるサイトで，「残念ながら卒業後はジェフのことは知らなかった」，(79e) は「(学校時代の食事がひどかったので) 卒業後キャベツが食べられるようになるまで何年もかかってしまった」というもので，これらはすべて，卒業後の進路ではなく，「卒業後起こった出来事」といえ，二つ目の意味 (80b) の例と考えられます。そして，実は (77b) も (80b) に含

めることができると思われます。

　こうしてみると，Google 検索の例を見るだけでも，after 節のニュアンスの違いをかなり判定できます。つまりは，前置の例 (70a) は，「(経歴として) 卒業後の進路の紹介もしくは住まいを変えた時期の紹介」での使用が考えられるのに対し，後置の例 (70b) は「アメリカに行ったのは卒業後であるという」時期の説明，もしくは「卒業後，自分の身にふりかかった出来事としてアメリカに行くことになってしまった」の意味が考えられると思われます。

(70) a.　*After* I left school, I went to America.
　　 b.　I went to America *after* I left school.　(Swan (2005: 28))

　次に，(81a) と (81b) でどういう違いがあるか見てみます。

(81) a.　"after he * he died"　　site:uk　　44
　　 b.　"died after he"　　　　site:uk　　534 (223,000)
　　　　　　　　　　　　　　　　　　　　(2009/10/30)

(82) a.　It was about twelve o'clock when darkness came over the whole country, because the sun stopped shining, and the darkness lasted till three in the afternoon. The curtain in the temple was torn in two.　Then Jesus called out loud, "Father, into Your hands I entrust My Spirit."　*After He said this*, He died.　(Luke 23: 44-47)
　　　⟨http://www.eastertoday.co.uk/viewarticle2.aspx?sectionid=387&articleid=237443&sitecode=blac⟩
　　　(太陽が輝くのをやめてしまって暗闇が国全体を覆ったのは 12 時頃のことでした。そして，暗闇は午後 3 時ごろまで続きまし

た。寺院のカーテンは二つに引き裂けました。そして,イエスは大声で言いました。「神よ,あなたの手に,私の聖霊をゆだねます」と。イエスはこう言った後,亡くなられました。(ルーク 23: 44-47))

    b. ... but *after he left 'Seafield House' he either died or moved completely out of the area*, ...
⟨http://liberator31.co.uk/wallasey/mansions_around_the_height/index.html⟩
(しかし彼がシーフィールドハウスを去った後は亡くなったかあるいはその地から完全に出て行ったかです)

(83) a. **Pensioner died** *after hospital gave him 'wrong blood'*
A pensioner died *after he was given the wrong type of blood during an emergency operation*, an inquest has been told.
⟨http://www.telegraph.co.uk/health/2229200/Pensioner-died-after-hospital-gave-him-wrong-blood.html⟩
(年金受給者が病院の輸血ミスで死亡——年金受給者が緊急手術の際に間違った型の血液を輸血された後死亡したと検視陪審員に伝えられた)

    b. **Policeman died** *after he lost control of his car*
A POLICEMAN died *after he lost control of his car in poor weather conditions* and crashed down an embankment on a Cornish road, an inquest heard.
⟨http://www.thisiscornwall.co.uk/news/POLICEMAN-DIED-LOST-CONTROL-CAR/article-1252303-detail/article.html⟩
(警官が車の操作を誤って死亡——警官が天候不良のせいで車の

操作を誤り,コーンウォールの道路の土手に落ちて死亡したと検視陪審員は伝えられた)

(84) Sarah's ordeal happened *after she left school in Portsmouth*. Jackie explained: "Sarah had 15p with her, which was the normal fare. But the driver told her the cost had risen by 1p the previous day. Sarah explained that she had no more money, but the driver told her to get off." (BNC)
(ポーツマスの学校を出た後に,サラの試練は起こりました。ジャッキーは説明しました:「サラは15ペンス持っていました。15ペンスが通常運賃でした。しかし,運転手は,運賃が前の日に1ペンス値上がりしたと彼女に言いました。サラは,彼女にはそれ以上お金がないと説明しましたが,運転手は,降りるように彼女に言いました。」)

すると,after節の前置の場合は,卒業後の場合は経歴を示したわけですが,(82a)ではその日のうちに起こった出来事を順に説明する場面で用いられており,(82b)でもある人物の生前の動向を時の経過に沿って説明する場面で使われています。これに対し,after節の後置の場合は,(83a, b)でわかるように,新聞の見出しに用いられる構文であることがわかります。つまり,こういう場合はその人にふりかかった災難などの出来事を示しています。BNCコーパスにあるafter節の後置の例(84)も,サラが下校時に降りかかった災難を示しています。

Google検索の結果から,after節が前置される場合と後置される場合の意味をあえて一般化すれば,(85a)と(85b, c)のような違いになると思われます。

(85) 〈after 節の前置の場合〉
  a. (経歴や経過の説明などで) after 節の出来事があって，主節の出来事があったという順を時間を追った説明をしている。

  〈after 節の後置の場合〉
  b. 主節の出来事があった時期は，after 節の出来事があった後であるという説明をする場合 (after 節に焦点がある)。
  c. 主節の主語もしくは主語に含まれた人物などにとって，after 節の出来事の後，どういうことがあった [起こった] (災難を含む) のかを説明をする場合 (主節に焦点がある)。

このように，Google 検索だけでも工夫すれば，英語の語法研究がある程度なりとも可能があることがわかります。

　Google 検索は豊富なデータを無料で利用できるという長所があり，事実を証明する手がかりとして使うには最適の手段です。英作文をする時に Google 検索を利用する場合，ヒントを得るのが目的ですので，サイト内検索をしないで，まずはどういう例があるのか見てみるというのも一つの方法です。次にサイト内検索をしてみるとよいでしょう。検索をいろんな用途で楽しんでくだされればと思います。

参 考 文 献

Carter, R. and M. McCarthy (2006) *Cambridge Grammar of English*, Cambridge University Press, Cambridge.
Celce-Murcia, M. and D. Larsen-Freedman (1999) *The Grammar Book*, 2nd ed., Heinle & Heinle Publishers, Boston.
Horiuchi, K. (堀内克明) and V. E. Johnson (1998) "Q & A," in the *Student Times*, dated June 10.
Horiuchi, K. (堀内克明) and V. E. Johnson (1993) "Q & A," in the *Student Times*, dated April 30.
石川慎一郎 (2008)『英語コーパスと言語教育』大修館書店, 東京.
柏野健次 (2002)『英語助動詞の語法』研究社, 東京.
Jenkins, L. (1972) "Modality in English Syntax," Doctoral dissertation, MIT.
衣笠忠司 (1998)『語法研究と言語情報』英宝社, 東京.
衣笠忠司 (2001)「辞書・文法書に基づくシノニム研究」『英語語法文法研究』第8号, 21-36.
衣笠忠司 (2008)「分詞構文による連結」『英語語法文法研究』第15号, 35-50.
小西友七 (1970)『現代英語の文法と語法』大修館書店, 東京.
小西友七 (1976)『英語シノニムの語法』研究社, 東京.
小西友七 (1997)『英語への旅路』大修館書店, 東京.
小西友七(編) (1989)『英語基本形容詞・副詞辞典』研究社, 東京.
大江三郎 (1983)『講座・学校英文法の基礎 第5巻 動詞(II)』研究社, 東京.
Palmer, F. R. (1979) *Modality and the English Modals*, Longman, London.
Palmer, F. R. (1980) "*Can, Will* and Actuality," *Studies in English Linguistics for Randolph Quirk*, ed. by S. Greenbaum, G. Leech and J. Svartvik, 91-99, Longman, London.

Peters, Pam (2004) *The Cambridge Guide to English Usage*, Cambridge University Press, Cambridge.

ピーターセン，マーク (1988)『日本人の英語』(岩波新書)，岩波書店，東京.

ピーターセン，マーク (1990)『続日本人の英語』(岩波新書)，岩波書店，東京.

斎藤俊雄・中村純作・赤野一郎 (2005)『英語コーパス言語学——基礎と実践——(改訂新版)』研究社，東京.

Swan, M. (2005^3) *Practical English Usage*, Oxford University Press, Oxford.

索　引

1. 日本語はあいうえお順で示し、英語で始まるものはABC順で最後に一括してある。
2. 数字はページ数を表し、太字は重点的に扱っていることを示す。

[あ行]

あいまい検索　→OR検索
朝日新聞　13-14, 17-18
アステリスク(検索)　18-19, 41, 48-61, 63, 74-76, 79-86, 88, **92-98**, 103-106, 108-119
アポストロフィ　33
アメリカ英語　34, 42, 69, 117, 134, 144, 150-151
言い換え表現　80
イギリス英語　34, 42, 69, 105-106, 116, 144, 150-151
一致する情報(ウェブページ)は見つかりませんでした　6, 64, 78, 99
インターネット検索　→ネット検索
インフォーマント　156-157
ヴァイオリン／バイオリン　20-21
ウィキペディア　7
　(→Wikipedia)
英国語法　37, 42, 103, 114, 165

(→イギリス英語)
英辞郎　120-125
英和辞典　80, 82, 120, 145 (→辞書)
オノマトペ　5-6

[か行]

冠詞(定冠詞, 不定冠詞)　35, 60, 69-72, 76, 78
気の置ける／置けない　16-17
キャッシュ　29
国を指定　**43-44**, 92, 97-98, 100-101, 104, 140
形容詞　18-19, 55, **65-67**, **79-80**, 82, 106-107, 113-114, 117
形容詞(同士)の語順　113-114, **137-144**
検索エンジン　6-7, 13, 21, 29, 46
検索オプション　12, 21, 32, 43-45, 104
検索結果　4, 6, 9, 29, 59-60, 68, 70-71, 88, 99, 115, 139
検索サイト　**2-5**, 15, 36

179

検索条件(がきつい，をゆるく)　11, 32, 35, 39, 49, 55, **58**, 62, 64, 81, 100, 111, 135, 139, 142
検索条件に反する　64
検索ボックス　**3-6**, 9, 12, 31, 43, 45, 92, 104
件数ゼロ　65-66
件数比較　**67-77**, **101-103**, 139
コロケーション　80
コンピュータ(ー)　20-21

[さ行]

サイト内検索　**12-17**, 18, **31-43**, 45, 48, 50, 63, 73-74, 77-79, 81-83, 92, 100, 103, 130, 176
辞書　38, 67, 71, 81, 83-84, 120-121, 123, 148
実例件数　11, 16, 20-21, 38-40, 44- 46, 57, 68, 102-104, 130-131, 134-135, 137, 142
主語　39, 49-52, 54, 57, 59, 62, 79, 82, 100-101, 111, 114, 160
使用域　107
条件を指定して検索　32, 44-45, 92, 103-104
信頼性　4, 39, 46, 48, 92, 101, 104-105, 108, 115, 128, 140, 146
推定件数　16, 20-21, 38-40, 44-46, 74, 78, 92, 102-105, 130-131, 134-135, 146
推定件数が表示されない場合　16
正規表現　99
前景　158-160, 163

前置詞　49, 60, 72, 84-85, 88, 107, 117-118, 128, 133, 137

[た行]

大学入試センター試験　56
対象とする国　43-45, 92
タフミル　12-15
ダブルクォーテーション(ダブルクォート，" ")　**9-12**, 15, 19-20, 29, 32, 43, 55, 88, 110, 124, 148
タミフル　12-13
地域指定　**32-34**, 36-37, 40, 48, 50, 54, 75, 77, 130
つゆだく　120
電車が込む／混む　9-12, 17, 19-20
動詞　41, 54, 57, 59-60, 62, 71, 73, 77, 79, 81-82, 101, 106-109, 111-114, 117-118, 121-122, 124, 163
ドメイン　**13**, 16-17, **31**, 32, 34, 37, 41-42, 45, 48, 50, 63, 74, 92, 104
ドメイン内検索　→サイト内検索

[な，は行]

ネット検索　2, 65, 129, 134, 140, 157, 159
バイオリン／ヴァイオリン　20-21
背景　157
パイプ(検索)　**61-62**, 70-71, 76-

77, 98-99, 104, 112, 123-124
(→OR 検索)
ピーターセン, マーク　35, 76, 85
ヒント　76, 121-123, 176
品詞(を)指定　109-110, 114, 117
副詞　51, **82-83**, 109, 113, 117
プラス(+)検索　12, 19-21
フレーズを含む　11-12, **32**
ブログ　2, 88
分詞構文　157-164
ページ(ウェブページ)　6, 29, 54, 62, 99
米国語法　37, 42-43, 103, 115
(→アメリカ英語)
ホームページ　9, 13, 15, 17
母語話者　147, 152

[ま行]

マイナス(−)検索　19, **21**, 57-58, 75, 97, 104
毎日新聞　13-15
みかん　8
結びつきの強い　143-144
名詞　51, 59-60, 65, 71, 79-80, 85, 95, 97, 139
メタ検索サイト　5

[や, ら, わ行]

読売新聞　13-14, 16
連語　80-82
ワイルドカード　19, 106

[英語]

ac.uk　**31**, 36-43, 45-46, 83, 147
accept the job offer　54-55, 94, 110
action, urgent　71-72
after 節(の前置・後置)　164-176
AlltheWeb　46
AND 検索　6-7
anime　119
annoyance, great　65-66, 118-119
as far as　100
at/in　84-86, 128-137
attempt, make an　114-115, 118
audience, a large　73-74, 112

Bank of English　128, 131-132, 157
banned, smoking is　62-63
bath, have a　**37-42**, **44-46**, 114, 116-117
bath, take a　**37-41**, **44-46**, 114, 116-117
beautiful　113-114, 140-144
beginning of, at/in the　133-137
behaviors, exhibit　81-82, 118
big + 名詞　65-71, 140-144
big beautiful　113, **140-144**
Bing　4, 32, 46
BNC (コーパス)　**105-119**, 128, 131-133, 136-137, 144, 147, 157, 163-164, 167-168, 175
BNCweb　117
BYU-BNC　→BNC

cached 29
Certainly 88-89
clouds 22-23
Clusty 21
COCA (コーパス) 114-115, **117-119**, 128, 131-133, 136-137, 144, 147, 163-164
COHA コーパス 120
com 31, 33-35
cordial 125
could 148-157

difficult than we had thought, more 101
direction of, running in the 61-62, 119
dog, the/my 35-37
doorway, at/in the 128-133
double yellow(s) 124-125

edu **31**, 34, 36-43, 45-46, 48-55, 57-60, 62-71, 73-76, 78-89, 93-96, 98-103, 130, 132-136, 139, 141, 143, 147, 151-152, 160, 162-163, 165
error, a large 65, 67

Fortunately I could 152-155
freezer, the 76-77

Gmail 4, 105
Google アメリカ (USA) 3, 17, 26, 30, 33-34, 48, 75, 97
Google イギリス (UK) 3, 17, 26, 30, 33-34, 48, 75

Googlefight 39-40
great + 名詞 65-71
great surprise, in (a) 56, 72, 102
Guardian, the 36, 147-148

how did it come about 99-100

I ran in the park 29-33
in/at 85-86, 128-137
Internet Explorer 37

karaoke 119

large + 名詞 65, 67-68, 73-74, 112, 140-143
large beautiful 142-144
LDOCE 37, 42, 83-84
lunch, have 114-115, 118

microwave, the 76-77
middle of, in/at the 136-137
misc(ellaneous) 108
mistake, a big 65-71, 119-120
mistake, a great 68-71, 119-120
mistake, a terrible 119

New York Times, the 37, 125, 147-148

on second thought(s) 42-43
OR検索 17, 55, **61-68**, 70, 72, 74, 98-100, 104, 112, 123-124

pleasantly 83-84
prohibited, smoking is 62-63

raised on/in, was **48-50**, 92-93, 108, 116
reason for/of, the 86-87
refuse 52-54, 109-110, 116
register 107
remain unconscious **58-60**, 98, 111-112, 123-124
respect, great 65-66, 68-69, 118
right to refuse, the **52-54**, 109-110
run the risk of 57-58

satsuma 8
scattered disk 124
Seattle Times, the 37, 147-148
spend discussing it 64
superior to **50-52**, 93-94, 108-109, 116
surprised 78-79, **82-84**, 112-113
swine flu 26-28, 33-34

take the risk of **57-58**, 110-111, 115-116, 122-124
talked out of, was 74-75, 97
Time コーパス 119-120
Times, The 36, 147-148
tired with/from/after 119-120

tsunami 119
twitter 2, 120

uk **31**, 34, 36, 38-39, 41-42, 49-50, 56-57, 61-62, 64-75, 80-81, 83, 92, 102, 130, 132, 134-136, 139, 141, 143, 147, 151-152, 160-163, 165-175
URL 3, 7, 13-15, 21, 26, 28-29, 105

wait (for) one's turn 145-148
walk as far as 100
Weblio 120
weight, is gaining 116
went * garden 60-61, 96-97
Wikipedia 7-8, 124-125
Will you? 88-89
work for/in/at 84-86
would rather 76, 123-124

Yahoo! Japan 2-3, 28, 32, 45, 92, 98
Yahoo アメリカ 2, 28, 45, 92, 101, 103-104
Yahoo イギリス 2, 92, 103-104
Yahoo 検索 19, 21, 28, **43-45**, 49, **92-105**, 130, 159
Yippy 5, 21-22
YouTube 4, 22

衣笠 忠司 （きぬがさ ただし）

1949年，兵庫県生まれ。1974年，神戸市外国語大学大学院(修士課程)修了。現在，大阪市立大学文学研究科教授。文学博士。

主な著書：『英語基礎語彙の文法』(英宝社，共編著，1993年)，『語法研究と言語情報』(英宝社，単著，1998年)，『ユースプログレッシブ英和辞典』(小学館，共著，2004年) など。

Google 検索による英語語法学習・研究法 〈開拓社 言語・文化選書 21〉

2010年10月16日　第1版第1刷発行

著作者	衣笠忠司
発行者	長沼芳子
印刷所	日之出印刷株式会社

発行所　株式会社 開拓社

〒113-0023 東京都文京区向丘 1-5-2
電話　(03) 5842-8900 （代表）
振替　00160-8-39587
http://www.kaitakusha.co.jp

Ⓒ 2010 Tadashi Kinugasa　　ISBN978-4-7589-2521-1　C1382

JCOPY　＜(社)出版者著作権管理機構 委託出版物＞
本書の無断複写は著作権法上での例外を除き禁じられています。複写される場合は，そのつど事前に，(社)出版者著作権管理機構（電話 03-3513-6969，FAX 03-3513-6979, e-mail: info@jcopy.or.jp）の許諾を得てください。